HOLT
SPANISH
2

Ven conmigo!®

Listening Activities

HOLT, RINEHART AND WINSTON

A Harcourt Classroom Education Company

Austin • New York • Orlando • Atlanta • San Francisco • Boston • Dallas • Toronto • London

Contributing Writers:

Jean Miller

Teresa Shu

Cover Photo/Illustration Credits
Girl: Marty Granger/HRW Photo; boy: Michelle Bridwell/Frontera Fotos; classical guitar: Image Club Graphics ©1997 Adobe Systems; CD player: Sam Dudgeon/HRW Photo

Photo Credits
All photos by Marty Granger/Edge Video Productions/HRW except:
Page 3, (tr) (bc) HRW Photo by Sam Dudgeon; (cl) Barry Levy/Profiles West, Inc.; (c) (cr) (bl) (br) Michelle Bridwell/Frontera Fotos; 28, (l) (cl) Sam Dudgeon/HRW photo; (cr) David R. Frazier Photolibrary; (r) Leon Duque/Duque Múnera y Cia; 41, (all) 43 (all) Michelle Bridwell/Frontera Fotos; 44, (tl) A.L. Bass/Courtesy of Texas Highways Magazine; (tc) (tr) (cl) (cr) Robert Wolf; (c) Khue Bui/Frontera Fotos; 68, (cr) Michelle Bridwell/Frontera Fotos; 75, (tl) Keith Kent/Peter Arnold, Inc.; (br) Reed Kaestner/Zephyr Images; 92, (l) H. Armstrong Roberts; (cr) (r) SuperStock; 96, (bl) SuperStock; (bc) Scott Markwitz/FPG International; (br) Susan Van Etten/PhotoEdit.

Printed in the United States of America

ISBN 0-03-065548-X

1 2 3 4 5 6 7   066   03 02 01

Contents

Student Response Forms for Textbook Listening Activities and Additional Listening Activities

Scripts and Answers for Textbook Listening Activities and Additional Listening Activities

Scripts and Answers for Testing Program

To the Teacher

The *Listening Activities* book presents many of the listening activities available for use with Level 2 of *¡Ven conmigo!* Here, presented in one book and packaged together by chapter for ease of access, use, and review, you will find the materials needed to include listening practice at every point in your lesson cycle. The recordings for all the activities in this book can be found on the *¡Ven conmigo! Audio Compact Discs.*

What will you find in the Listening Activities book?

- **Textbook Listening Activities, Student Response Forms, Scripts and Answers**
  The listening activities in the *¡Ven conmigo! Pupil's Edition* are designed to practice and develop listening comprehension skills in real-life contexts. The Textbook Listening Activities, which are indicated in the *Pupil's Edition* with a listening icon, feature a wide variety of situations and tasks, such as phone messages, exchanges in a store or restaurant, or conversations between friends about school and free-time activities. Many of the activities are art-based, and in some cases, students will need to look at the art on the corresponding page of the *Pupil's Edition* as they complete the activity on the Student Response Form. Copying masters of the Student Response Forms for each chapter's listening activities are included here. Each copying master is referenced by page number to the corresponding page in the *Pupil's Edition*. In addition, this book contains the scripts and answers to all Textbook Listening Activities, also organized by chapter.

- **Additional Listening Activities, Songs, Copying Masters, Scripts and Answers**
  Six Additional Listening Activities per chapter, two for each **paso**, provide further listening comprehension practice. The purpose of these Additional Listening Activities is to develop, reinforce, and refine listening skills, using contexts that simulate real-life settings. Students hear conversations, announcements, advertisements, radio broadcasts, weather reports, and so on. The Additional Listening Activities are thematically related to each chapter and focus on the target vocabulary and grammar points, but also contain some new and unfamiliar material. For further practice, each chapter of Additional Listening Activities also includes a song. This *Listening Activities* book contains the copying masters for the Additional Listening Activities and song lyrics, organized by chapter. Also included are the scripts and answers to each Additional Listening Activity.

- **Quiz and Test Listening Scripts and Answers** The *Listening Activities* book also contains the scripts and answers for the listening sections in each quiz and test of the *¡Ven conmigo! Testing Program*, as well as the scripts and answers to the Midterm and Final Exams. The listening sections of the quizzes and tests are brief, contextualized activities that test both discrete-point and global listening skills. The emphasis is on evaluating students' ability to recognize target vocabulary and structures in a variety of real-life contexts.

How can you use the materials in the Listening Activities book?

The goal of *¡Ven conmigo!* is the development of proficiency in all four skills. To develop proficiency in aural comprehension, the program facilitates incorporation of listening activities into all phases of the lesson cycle, from presentation, to practice and expansion, to review and assessment. The materials gathered together in the *Listening Activities* book allow you to familiarize yourself quickly with the many listening options available to you and your students with this program, and to incorporate these materials easily into your lesson. All the recordings feature a wide variety of native speaker voices, thus allowing students to experience and become familiar with a range of authentic Spanish-speaking accents that they may encounter while studying or traveling in the Spanish-speaking world.

- **Using the Textbook Listening Activities** In each chapter, there are different kinds of Textbook Listening Activities, each appropriate for use at specific points in the lesson cycle. Icons in the *Pupil's Edition* indicate listening activities. First, you may use the listening activity following an **Así se dice** or **Vocabulario** presentation to develop students' recognition of new material. Second, as students move from recognition to production, you may use subsequent Textbook Listening Activities, as well as the **Repaso** listening activity, to develop more global listening skills and to reinforce the language students are beginning to produce. The Textbook Listening Activities are also excellent preparation for the listening sections on the quizzes and tests.

- **Using the Additional Listening Activities** The Additional Listening Activities are ideal for developing global listening skills, and may be best used towards the end of a **paso** or chapter. The fact that these activities contain some unfamiliar material helps students to learn an invaluable lesson in developing listening proficiency: They need not understand every word in order to comprehend the main idea. These activities may also be used to review for the test, and to offer the faster-paced students a challenge and the opportunity to experience language that is slightly ahead of their level. The songs, although thematically linked to each chapter, may be used at any time. Teachers use songs in many ways: as part of a culture lesson or "fun" day; to present or reinforce certain vocabulary or structures; or to practice listening comprehension by turning the song lyrics into a cloze or matching activity.

- **Using the Quiz and Test Listening Scripts and Answers** The anxiety many students feel when faced with a listening section on a quiz or test may affect their performance. To help lower anxiety, remind students that the tasks they are asked to do on the quizzes and tests, as well as the voices they will hear, are very similar to what they have done and heard in the Textbook Listening Activities and the Additional Listening Activities. Many teachers find it preferable to administer the listening portion of the quiz or test first, and then have students proceed with the other sections. You may have students complete the listening portion of the quiz or test on one day, then administer the rest of the test the next day. You may also play the recording once and ask students just to listen, then replay it and have students complete the task.

Student Response Forms for Textbook Listening Activities and Additional Listening Activities

Student Response Forms

8   ¿Quién soy?

A. Listen to the following people describe themselves. As you listen, refer to the illustrations below to identify each person.

MODELO   Soy introvertido, alto y calvo.
Answer: **Camilo**

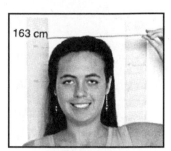
Beatriz

1. _____

2. _____

3. _____

4. _____

5. _____

6. _____

Lupe y Ana

Sebastián

Juanita

Simón y Olga

Camilo

Doña Violeta

B. Now listen again and write exactly what each person says next to the name(s).

Student Response Forms

16 La entrevista continúa

Listen to these interviews with Latin American high school students. Match the people being interviewed with what they do.

_____ 1. Ivonne

_____ 2. Rubén

_____ 3. María

_____ 4. Bruno

a.

b.

c.

d.

Student Response Forms

26 Una entrevista

Listen to this radio interview with Sonia Golondrina, a singer from Uruguay. Listen to the activities the interviewer mentions and indicate whether Sonia likes or doesn't like the activity by writing **sí** or **no**.

_____ 1. viajar a los Estados Unidos

_____ 2. viajar en coche

_____ 3. escribir cartas a la familia

_____ 4. tocar la guitarra

_____ 5. mirar la televisión

_____ 6. nadar

_____ 7. jugar al tenis

_____ 8. correr

_____ 9. comer en restaurantes chinos

Repaso Activity 1

Rebeca and Sylvia are talking on the phone after the first day of class. Listen to their conversation and match the name of the student to the photo on page 30 of your textbook that goes with it. One picture will not be used.

1. Cecilia _____

2. Martín _____

3. Sofía _____

4. Andrés _____

5. Gloria _____

Additional Listening Activities

■ PRIMER PASO

1-1 A Spanish teacher at your high school is in charge of meeting this year's group of exchange students at the airport. She's going over the students' descriptions to make sure she'll be able to recognize everyone. Listen to her descriptions and write the first name of each student below the appropriate drawing.

a. _____ b. _____ c. _____ d. _____

1-2 This year Gabriela is secretary of the Spanish Club. Listen as she greets the new members at the first club meeting and fills out name cards for each one. Based on what you hear, complete each person's name card. The first one is filled in for you.

Nombre: _Fernando_
Edad: _15 años_
Nacionalidad: _puertorriqueño_

Nombre: _Marta_
Edad: _____
Nacionalidad: _____

Nombre: _Guadalupe_
Edad: _____
Nacionalidad: _____

Nombre: _Ramón_
Edad: _____
Nacionalidad: _____

Additional Listening Activities

◼ SEGUNDO PASO

1-3 It's Monday and the history teacher has just assigned the first homework for the class. Juan José and Catalina will have to work together on the assignment, but they're busy. Listen as they discuss when they can meet. Fill in the calendar below with Catalina's and Juan Jose's schedule. Then answer the question that follows.

el horario de _Catalina y Juan José_

martes	
4:00-5:00	_____
5:00-6:00	_____
6:00-7:00	_____
7:00-8:00	_____

When do Catalina and Juan José decide to do the homework? _____

1-4 Some friends are talking about weekend plans. Write each person's name below the corresponding drawing.

a. _____

b. _____

c. _____

d. _____

Holt Spanish 2 ¡Ven conmigo!, Chapter 1

■ TERCER PASO

1-5 Enrique and Daniela are friends. Listen to their conversation and indicate what each one thinks about the items in the list below. Write **sí** if the person likes the thing mentioned, and **no** if he or she doesn't.

Enrique   **Daniela**

_____   la clase de inglés   _____

_____   la clase de química   _____

_____   la clase de álgebra   _____

_____   la comida de la cafetería   _____

1-6 Sofía is trying to form a soccer team for her city's league. But not everyone likes soccer! Listen to her conversations with some of her classmates. Then indicate which sport each person would like to play.

> el fútbol   el tenis   el baloncesto
> el voleibol   el béisbol   la natación

_____ Diego

_____ Marisa

_____ Juan Carlos

_____ Esteban

_____ Isa

Additional Listening Activities

SONG

Granada was one of the most important cities in Spain during the reign of the Moors (711-1492). The Alhama, originally a mosque, is today considered an historic monument. The song *¡Ay, mi Alhama!* commemorates the defeat of the Moors in 1492. The influence of Moorish music can still be heard in Spanish music today.

¡Ay, mi Alhama!

Paseábase el rey moro
por la ciudad de Granada
cartas le fueron venidas,
como Alhama era ganada
¡Ay, mi Alhama!
como Alhama era ganada
¡Ay, mi Alhama!

This song is recorded on *Audio Compact Discs*, CD 1, Track 22. Although it is presented in this chapter, it can be used at any time.

Holt Spanish 2 ¡Ven conmigo!, Chapter 1

Student Response Forms

6 ¿Cómo están todos?

You'll hear a series of short conversations. Based on what you hear, write a sentence for each person, describing how he or she feels. Use adjectives from the box below.

> enfermo/a   contento/a   preocupado/a   cansado/a
> enfadado/a   aburrido/a   triste   ocupado/a

1. Norma _____

2. Guillermo _____

3. Laura _____

4. Sara _____

5. Ricardo _____

6. Martín _____

9 Tengo una idea

You'll hear a series of statements. For each one, decide if the suggestion is **lógico** or **ilógico**.

	lógico	ilógico
1. ¿Por qué no vamos a la playa?	_____	_____
2. ¿Qué tal si buscamos la tarea juntos?	_____	_____
3. ¿Por qué no caminas con el perro?	_____	_____
4. ¿Qué tal si me ayudas con la tarea?	_____	_____
5. ¿Por qué no vas al aeropuerto?	_____	_____
6. ¿Qué tal si vamos a las nueve?	_____	_____
7. ¿Por qué no vamos a otra tienda?	_____	_____
8. ¿Por qué no toman el autobús?	_____	_____

Nombre _____ Clase _____ Fecha _____

 Student Response Forms

COPYING MASTERS

13 La fiesta de despedida

A. Elena is planning a farewell party for Maribel, and she's checking with several friends to see what preparations have and haven't been made. As you listen to each conversation, decide whether the activity Elena mentions has taken place or not.

	ya	todavía no	¿cuándo?
1. hacer el pastel			
2. mandar las invitaciones			
3. llamar a los padres de Maribel			
4. limpiar la sala			
5. comprar las bebidas			
6. hablar con la abuela de Maribel			
7. comprar el regalo			
8. llevar la música			

B. Listen to each conversation a second time. Indicate when the activity took place or will take place in the spaces provided under the column heading **¿cuándo?**

21 ¿Necesitan ayuda o no?

You'll hear a series of short conversations. As you listen, decide if the person in each conversation is asking for help or offering help. Check the appropriate column below.

	Asking for Help	Offering Help
1.		
2.		
3.		
4.		
5.		
6.		

12 Listening Activities

Holt Spanish 2 ¡Ven conmigo!, Chapter 2

Copyright © by Holt, Rinehart and Winston. All rights reserved.

Student Response Forms

25 España... el país del sol

A Spanish class is planning a trip around Spain. You'll hear the teacher describe various Spanish cities and regions. As you listen, match the place to its description. You won't use all the descriptions.

_____ 1. El País Vasco

_____ 2. Santiago de Compostela

_____ 3. Salamanca

_____ 4. Sevilla

_____ 5. Valencia

_____ 6. Madrid

a. Está al sur de España.

b. Hay muchos pueblos bonitos.

c. No está lejos de la playa.

d. Hay una universidad muy antigua.

e. Está cerca de Portugal.

f. Es una ciudad muy grande.

g. Está cerca de Francia.

Repaso Activity 1

Listen to the following conversation and decide where it takes place:

a. en una fiesta

b. en un avión

c. en el centro comercial

The conversation takes place in _____.

■ PRIMER PASO

2-1 You will hear a series of short conversations. Circle the letter of the phrase that best describes each person's mood.

1. **a.** Yolanda está preocupada.
   b. Yolanda está de mal humor.
   c. Yolanda está contenta.

2. **a.** Carlos está ocupado.
   b. Carlos está triste.
   c. Carlos está deprimido.

3. **a.** La mamá de Sara está enfadada.
   b. La mamá de Sara está aburrida.
   c. La mamá de Sara está feliz.

4. **a.** Enrique está enfadado.
   b. Enrique está deprimido.
   c. Enrique está emocionado.

2-2 You will hear a series of short conversations between Mrs. Pérez and members of her family. Check **sí** if the other person agrees with Mrs. Pérez, or **no** if the person disagrees.

	sí		no
1.	_____	comprar una falda azul	_____
2.	_____	ir a la pastelería	_____
3.	_____	regalar un libro a la abuela	_____

Additional Listening Activities

■ SEGUNDO PASO

2-3 You will hear a series of short conversations between friends and family members. Check the column labeled **todavía no** if the action has not happened yet, or the column labeled **ya** if it has already occurred.

todavía no		ya
	ir de día al campo	
	hacer la maleta	
	pasar la aspiradora	
	comprar el jugo	

2-4 Chema had a party last night and now he's asking his friends to help him clean the house. Based on what you hear, choose the phrase that best describes what each person listed is doing.

_____ Rafael

_____ Felipe

_____ Irene

_____ Laura

a. tirar la basura

b. limpiar el baño

c. barrer el patio

d. pasar la aspiradora

e. recoger los discos compactos

Additional Listening Activities

■ TERCER PASO

2-5 Several young people are introducing themselves and telling you a little bit about where they live. Based on what you hear, match each person to his or her city.

_____ Jorge

_____ Verónica

_____ Ricardo

_____ Luz

_____ Teresa

a. Nueva York

b. Washington, D.C.

c. Miami

d. San Antonio

e. Los Ángeles

f. Boulder

2-6 You will hear several people thinking about what to wear on a given day. Based on what you hear each person say, use the word box to choose the word that best describes what the weather is like.

a. nieva	**c. hace frío**	**e. hace viento**	**g. hay neblina**
b. hace calor	**d. llueve**	**f. hace buen tiempo**	

_____ Ricardo

_____ Arbolita

_____ Antonio

_____ Sebastián

_____ Ángela

_____ Marta

Additional Listening Activities

SONG

Andalucía, a region of Spain famous for its Arab influence and its Gypsies, is also noted for Flamenco music and dancing. To Andalusians, the slang word **gatatumba** means *sham* or *put-on*, such as a counterfeit pain or emotion. In this song the word **gatatumba** is used only for its rhythmic value. The song is repeated several times, with each stanza sung at a faster tempo than the last.

Gatatumba

Gatatumba, tumba, tumba,
Con panderos y sonajas;
Gatatumba, tumba, tumba,
No le metas en las pajas.
Gatatumba, tumba, tumba,
Toca el pito y el rabel.
Gatatumba, tumba, tumba,
Tamboril y cascabel.
(Repite)

This song is recorded on *Audio Compact Discs*, CD 2, Track 24. Although it is presented with this chapter, it can be used at any time.

Student Response Forms

7   El circo de las estrellas

First locate the labels **a–h** in the drawing on page 72 of your textbook. Then, for each sentence you hear, write the letter of the situation that matches.

1. _____   4. _____

2. _____   5. _____

3. _____   6. _____

15 ¿A quién le toca?

Escucha la siguiente conversación entre Andrés, su hermana Liliana y su madre. Decide a quién le toca lavar los platos. Explica por qué le toca a esta persona.

_____

_____

_____

_____

_____

_____

Student Response Forms

COPYING MASTERS

19 Quejas *Complaints*

Ana María's family is having company tonight and Ana María's father is asking everyone to help. Listen to the conversation and indicate whether each of the following people complains (**sí**) or doesn't complain (**no**).

	sí	no
1. Ana María	_____	_____
2. Ernesto	_____	_____
3. Beatriz	_____	_____
4. Víctor	_____	_____

25 Los pasatiempos de una estrella de cine

La revista *Gente* entrevista a la estrella de cine Lidia Quintero. Escucha la entrevista y completa las siguientes oraciones.

1. La semana pasada, Lidia fue _____.
   a. a las montañas
   b. a La Paz
   c. a la playa

2. En la playa, a Lidia le gusta _____.
   a. correr
   b. tomar el sol
   c. jugar al voleibol

3. Para hacer ejercicio, Lidia _____.
   a. hace aeróbicos
   b. corre
   c. juega al fútbol

4. Lidia toca _____.
   a. el piano
   b. el violín
   c. el clarinete

Student Response Forms

Repaso Activity 1

The day after Mónica Beltrán interviewed Lupita Cárdenas, she interviewed teenage rock star Alejo Sobejano. Listen to their interview and number the activities in the order that Alejo mentions them. Then match the activities you have listed with the pictures, starting with number 2.

MODELO   **1a** Me ducho y me lavo el pelo.

a

b

c

d

e

f

Picture	Activity
1. ___a___	Me ducho y me lavo el pelo.
2. _____	_____
3. _____	_____
4. _____	_____
5. _____	_____
6. _____	_____

Additional Listening Activities

■ PRIMER PASO

3-1 Mercedes has just flown to Mexico City to visit her Aunt Lola. Unfortunately, her luggage has been lost and now Mercedes needs to replace some of the things she brought. Listen to the conversation between Mercedes and her aunt about what Mercedes has to buy. Check under **Sí necesita** if she needs to buy the item or **No necesita** if she doesn't need to buy it.

Sí necesita		No necesita
_____	champú	_____
_____	jabón	_____
_____	cepillo	_____
_____	pasta de dientes	_____
_____	secadora de pelo	_____

3-2 Elena is recording a segment for a video library of school personalities. Based on what you hear, complete the chart using the phrases in the word box.

> nunca   por lo general   a veces
> rápidamente   siempre   perfectamente

salir de paseo con amigas   _____

levantarse a las 7:00   _____

ver la televisión con mamá   _____

comer con mamá y hermana   _____

arreglar las cosas de la escuela   _____

lavar los platos   _____

comer mucho en la cena   _____

Additional Listening Activities

■ SEGUNDO PASO

3-3 Doña Serafina thinks her grandchildren—Verónica, Juan Pablo, and Roberto—should be helping more around the house. Listen to doña Serafina's conversation with the children's mother about her grandchildren's responsibilities. Place a check under the name of the grandchild that does each chore listed.

	Roberto	Verónica	Juan Pablo
lavar los platos	_____	_____	_____
sacar al perro	_____	_____	_____
regar el jardín	_____	_____	_____
pasar la aspiradora	_____	_____	_____
dar de comer al perro	_____	_____	_____
cortar el césped	_____	_____	_____
poner la mesa	_____	_____	_____

3-4 Rodrigo is trying to persuade his brothers and sisters to help him clean the house. Listen to the following conversation and check **sí** or **no** to indicate if each one will help him.

sí	no	
_____	_____	**a.** Adela
_____	_____	**b.** Adriana
_____	_____	**c.** Soledad
_____	_____	**d.** Chato

Holt Spanish 2 ¡Ven conmigo!, Chapter 3

Additional Listening Activities

■ TERCER PASO

3-5 You will hear a series of conversations between friends and family members about different activities. Match each person's name to the activities listed in the word box.

ir al teatro   hacer monopatín   coleccionar estampillas

mirar las vitrinas   tocar con la banda   arreglar la bicicleta

Bernardo _____

Tomás _____

Ángela _____

Yolanda _____

Mercedes _____

Martín _____

3-6 Some people don't like to tell their age, but you can often figure it out if you listen closely to what they say. Take notes on what you hear in these conversations. Then calculate and write his or her age below.

1. Dolores _____

2. Silvia _____

3. Berta _____

4. Lourdes _____

5. Señor Zamora _____

6. Señor Sifuentes _____

Additional Listening Activities

SONG

Cielito lindo is one of the most famous songs from Mexico. Like the word *sweetheart*, **cielito lindo** is a term of endearment that can be applied to any person, male or female.

Cielito lindo

De las Sierras Morenas, cielito lindo, viene bajando,
un par de ojitos negros, cielito lindo, de contrabando.

Ese lunar que tienes, cielito lindo, junto a la boca,
no se lo des a nadie, cielito lindo, que a mí me toca.

¡Ay, ay, ay, ay! ¡Canta y no llores!
Porque cantando se alegran, cielito lindo, los corazones.
(Repite)

De domingo a domingo, cielito lindo, te vengo a ver,
¿cuándo será domingo, cielito lindo, para volver?

¡Ay, ay, ay, ay! ¡Canta y no llores!
Porque cantando se alegran, cielito lindo, los corazones.
(Repite)

This song is recorded on *Audio Compact Discs*, CD 3, Track 23. Although it is presented in this chapter, it can be used at any time.

7 ¿Opinión o hecho?

Sandra y Enrique hacen un viaje por la Ciudad de México. Escucha su conversación. Indica si cada comentario es **una opinión** o **un hecho** *(fact)*.

una opinión   un hecho

1. _____   _____

2. _____   _____

3. _____   _____

4. _____   _____

5. _____   _____

6. _____   _____

7. _____   _____

11 Problemas y más problemas

Vas a escuchar a varios estudiantes mientras hablan sobre los problemas que tienen en el colegio. Lee los siguientes consejos y escoge *(choose)* el más apropiado para cada problema.

1. **a.** Deberías hacer preguntas.
    b. Es importante aprobar el examen.

2. **a.** Hay que entregar la tarea.
    b. Debes seguir las instrucciones.

3. **a.** No debes preocuparte.
    b. Debes prestar mucha atención.

4. **a.** Deberías repasar tus apuntes.
    b. Debes entregar la tarea.

5. **a.** Es importante llegar a tiempo mañana.
    b. Deberías aprobar el examen final.

6. **a.** Deberías participar en clase.
    b. Debes seguir las instrucciones.

7. **a.** No deberías dejar el libro en casa.
    b. Hay que aprenderlas.

8. **a.** Es importante aprobar el examen.
    b. Es importante sacar buenas notas.

Student Response Forms

23 Dos campeonas

María Unamuno and Sonia Núñez are about to compete in a race. Listen to their classmates talk about who will win. Then decide which of these cards describes Sonia and which one describes María. One of the descriptions doesn't belong.

Edad: 18	Edad: 17	Edad: 16
Estatura: 165 cm	Estatura: 180 cm	Estatura: 170 cm
Peso: 45 kg	Peso: 43 kg	Peso: 45 kg
a.	b.	c.

Sonia _____   María _____

29 Después de clases

You'll hear a series of short conversations. As you listen, decide what each person plans to do after school. Match their plans with the appropriate pictures.

a

b

c

d

1. _____

2. _____

3. _____

4. _____

Holt Spanish 2 ¡Ven conmigo!, Chapter 4

Nombre _____ Clase _____ Fecha _____

Student Response Forms

Repaso Activity 2

Escucha una entrevista entre la señora Sarmiento, la consejera *(counselor)* en el Colegio Gabriela Mistral, y John Sanders, el nuevo estudiante de los Estados Unidos. Indica si las siguientes oraciones son **ciertas** o **falsas**. Corrige las falsas.

_____ 1. John cree que sus clases en México son mejores que sus clases en los Estados Unidos.

_____

_____

_____ 2. John dice que las clases en México son más fáciles que en los Estados Unidos.

_____

_____

_____ 3. John aprobó el examen de literatura.

_____

_____

_____ 4. La señora Sarmiento cree que John debería prestar atención en la clase de literatura.

_____

_____

_____ 5. La profesora Ortega es exigente.

_____

_____

_____ 6. John no conoce a muchos alumnos.

_____

_____

_____ 7. A John le parece que sus compañeros son aplicados.

_____

_____

Additional Listening Activities

■ PRIMER PASO

4-1 Have you ever noticed that some people don't sound very confident because they overuse expressions like *I think* or *in my opinion*? Listen as Juana interviews various students about their opinion about people and places at **La escuela Mistral**. For each one, write **sí** below if the person seems confident about what they're saying, and **no** if not.

	sí		no
a.	_____	Roberto	_____
b.	_____	Carlos	_____
c.	_____	Miguel	_____
d.	_____	Sandra	_____
e.	_____	María	_____

4-2 Señor Cárdenas works as a guidance counselor at Samaniego High School, and Hipólito, well Hipólito is not quite a model student. As Señor Cárdenas gives advice to Hipólito, decide which of the incidents shown he's referring to.

a

b

c

d

e

f

1. _____   2. _____   3. _____   4. _____   5. _____

Additional Listening Activities

■ SEGUNDO PASO

4-3 Two teachers at the **Colegio Benito Juárez** are talking about their students. For each student, check the column marked **cómo es** if the teacher is talking about what the student is like, or **cómo está** if the teacher is talking about the way the student is feeling.

cómo es		cómo está
_____	Paco	_____
_____	Anita	_____
_____	Juan Carlos	_____
_____	Josefina	_____
_____	Carlota	_____
_____	Adrián	_____

4-4 Listen as several students talk about the semifinalists in the Student of the Year awards. For each category place a check mark in the box next to the name of the person who appears to be the best candidate. Base your decision on facts and not just opinions.

MÚSICA	
Ignacio	
Adriana	
Martín	
LO ACADÉMICO	
Graciela	
Adela	
David	
DEPORTES	
Lola	
Jaime	
Miguel	

Holt Spanish 2 ¡Ven conmigo!, Chapter 4

■ TERCER PASO

4-5 Teresa wants to do something this afternoon, but everyone seems to have plans already. Based on what you hear, choose the appropriate response on your answer sheet.

	cine	dentista	video	café	tienda de ropa
Cristina	_____	_____	_____	_____	_____
Hernán	_____	_____	_____	_____	_____
Jorge	_____	_____	_____	_____	_____
Severina	_____	_____	_____	_____	_____
Juan	_____	_____	_____	_____	_____
Meche	_____	_____	_____	_____	_____

4-6 Listen to the following brief dialogues. For each one, match the pronoun listed with the person or thing it refers to.

_____ 1. las

_____ 2. lo

_____ 3. te

_____ 4. me

_____ 5. me

_____ 6. lo

_____ 7. nos

    a. Carlos, Ariel, Víctor y Beto
    b. cinco
    c. Claudia
    d. días
    e. el centro
    f. el dentista
    g. el metro
    h. la librería
    i. la tarde
    j. María
    k. Miguel
    l. Víctor
    m. vitrinas

Additional Listening Activities

SONG

La cucaracha *(the cockroach)* was sung in the Mexican Revolution of 1910. In the same way that *Yankee Doodle* pokes fun at the American Revolutionary Army, **La cucaracha** makes fun of the rival revolutionary armies of Pancho Villa (**los villistas**) and Venustiano Carranza (**los carrancistas**), and of Pancho Villa's train, nicknamed **La cucaracha.**

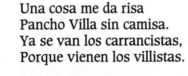

La cucaracha

La cucaracha, la cucaracha,
Ya no puede caminar;
Porque no tiene, porque le falta
Una pata para andar.
(Repite)

Una cosa me da risa
Pancho Villa sin camisa.
Ya se van los carrancistas,
Porque vienen los villistas.

Para sarapes Saltillo,
Chihuahua para soldados,
Para mujeres Jalisco,
Para amar toditos lados.

La cucaracha, la cucaracha,
Ya no puede caminar;
Porque no tiene, porque le falta
Una pata para andar.

La cucaracha, la cucaracha,
Ya no puede caminar,
Porque no tiene, porque le falta
Una pata para andar.

La cucaracha, la cucaracha,
Ya no puede caminar,
Porque no tiene, porque le falta
Una pata para andar.
(Repite)

This song is recorded on *Audio Compact Discs*, CD 4, Track 23. Although it is presented in this chapter, it can be used at any time.

Student Response Forms

7 ¿Sanos o no?

Escucha a los estudiantes que describen sus rutinas diarias. Con base en sus hábitos, indica quién es el más sano (*the healthiest*) y quién es el menos sano (*the least healthy*).

el más sano _____

el menos sano _____

19 En la oficina del doctor

Escucha a las siguientes personas que hablan con el doctor sobre sus problemas. Escoge el consejo más apropiado para cada problema.

1. _____
2. _____
3. _____
4. _____
5. _____

a. Trabaja menos y duerme lo suficiente.

b. No comas tantos chocolates ni helado. También haz ejercicio.

c. No fumes más.

d. Pues, es necesario ponerte en forma. Camina por lo menos veinte minutos al día.

e. Come menos carne y más verduras.

COPYING MASTERS

Student Response Forms

28 La competencia

A. None of Carolina's friends came to watch her judo match. Listen to the messages left on her answering machine, and match the name of each person to an explanation.

_____ 1. ayudar en casa   **a.** Rogelio

_____ 2. estudiar para un examen   **b.** Mauricio

_____ 3. visitar a los abuelos   **c.** Teresa

_____ 4. bañar al perro   **d.** Ángela

_____ 5. trabajar tarde   **e.** Álvaro

_____ 6. estar enfermo   **f.** Éric

_____ 7. dormir muy tarde

B. Now listen again and write down each message.

Rogelio _____

_____

Mauricio _____

_____

Teresa _____

_____

Ángela _____

_____

Álvaro _____

_____

Éric _____

_____

Nombre _____ Clase _____ Fecha _____

Repaso Activity 1

Mira los volantes (*flyers*) y luego escucha un anuncio de radio. Decide cuál de los dos volantes corresponde al anuncio que oyes.

a.

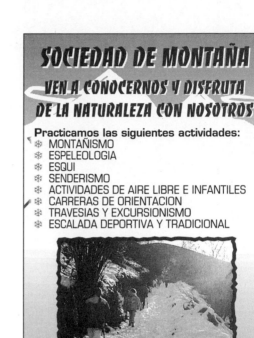

b.

Nombre _____ Clase _____ Fecha _____

■ PRIMER PASO

5-1 Jan and a group of her friends are sitting around talking about how they spent their weekend. Indicate what activities, if any, each person did to improve his or her physical fitness.

> ir al gimnasio   saltar a la cuerda   no hacer nada
> ir al parque a correr   aumentar de peso

Nombre	Actividad
Marisa	_____
Diego	_____
Marta	_____
Jan	_____

5-2 Some of Clara's friends are talking about what their daily routines are like. Based on what each one says, decide which person is talking.

	Sara	Olivia	Mercedes	Lluvia
acostarse tarde	____	____	____	____
una dieta balanceada	____	____	____	____
artes marciales	____	____	____	____
comer verduras	____	____	____	____
tomar agua	____	____	____	____
saltar a la cuerda	____	____	____	____
hacer ejercicio	____	____	____	____
no desayunar	____	____	____	____
levantar pesas	____	____	____	____

Additional Listening Activities

■ SEGUNDO PASO

5-3 Several patients in the waiting room are chatting while waiting to see the doctor. Listen to each short conversation and decide if the second speaker is **a)** giving advice, **b)** talking in general about staying fit and healthy, or **c)** talking about a different subject altogether.

1. _____

2. _____   **a.** giving advice

3. _____   **b.** talking in general about staying fit and healthy

4. _____   **c.** talking about a different subject

5. _____

5-4 The baseball coach is giving his team members some advice on how to get in shape for the coming season. Choose the item(s) that best shows each player's present condition.

_____ 1.   **a.** hacer ejercicio regularmente

_____ 2.   **b.** hacer abdominales

_____ 3.   **c.** levantar pesas

_____ 4.   **d.** bajar de peso

_____ 5.   **e.** evitar el estrés

_____ 6.   **f.** aumentar de peso

                 g. no fumar

                 h. comer bien

                 i. respirar profundamente

Additional Listening Activities

■ TERCER PASO

5-5 Luisa's basketball team played last Sunday at her school and she called her friends afterwards to find out why so many of them missed the game. Identify each friend based on the excuse he or she gives.

_____ **Beto**　　　　　　**a.** fue al partido

_____ **Angélica**　　　　**b.** calambre en la pantorrilla

_____ **Serafín**　　　　　**c.** no tener dinero

_____ **Rosa**　　　　　　**d.** despertarse tarde

_____ **Silvia**　　　　　**e.** dolor en el muslo

_____ **Enrique**　　　　　**f.** no saberlo

5-6 Pancho is in charge of the school infirmary this morning. Based on the complaints you hear, identify each patient.

> **Altagracia　Chía　Roberto　Javier y Memo**
> **Ana y Ramón　Luisa　Alejandra　Mariana**

a. _____

b. _____

c. _____

d. _____

e. _____

f. _____

Additional Listening Activities

SONG

The **posada** is a celebration before Christmas. In this particular song, which can be sung any day before the holiday, a group of people stands outside a house singing the verses of **María y José** and another group stands inside the house singing the verses of the **mesoneros**, or the owners of the inn. At the end, when they all sing together, the outside party walks indoors as they're singing to receive hot cocoa or **atole**, a hot drink made of corn and sugar.

Las posadas

1.
(José y María)
En el nombre del cielo
Os pido posada,
Pues no puede andar
Mi esposa amada.

(Los mesoneros)
Aquí no es mesón,
Sigan adelante.
Yo no puedo abrir,
No sea algún tunante.

2.
(José y María)
Venimos rendidos
Desde Nazareth.
Yo soy carpintero
De nombre José.

(Los mesoneros)
No me importa el nombre,
Déjenme dormir.
Pues que ya les digo
Que no hemos de abrir.

3.
(José y María)
Mi esposa es María.
Es la reina del cielo,
Y madre va a ser
Del divino verbo.

(Los mesoneros)
Eres tú José,
Tu esposa es María.
Entren peregrinos,
No os conocía.

(Todos juntos)
Entren santos peregrinos, peregrinos,
Reciban este rincón.
No de esta pobre morada
Sino de mi corazón.

This song is recorded on *Audio Compact Discs*, CD 5, Track 23. Although it is presented in this chapter, it can be used at any time.

Holt Spanish 2 ¡Ven conmigo!, Chapter 5

Student Response Forms

7 En el centro

A. Escucha las siguientes conversaciones. Indica qué foto corresponde a cada conversación.

1. a b c d e f

2. a b c d e f

3. a b c d e f

4. a b c d e f

5. a b c d e f

6. a b c d e f

a.

b.

c.

d.

e.

f.

B. Escucha las conversaciones otra vez. Indica si las personas saben la respuesta.

1. sí no

2. sí no

3. sí no

4. sí no

5. sí no

6. sí no

Student Response Forms

15 ¿Qué hiciste, Guadalupe?

Primero mira las fotos. Luego escucha a Guadalupe que habla de su fin de semana en San Antonio. Numera *(Number)* las fotos en el orden apropiado. ¿Es el recorrido de Guadalupe el mismo *(the same one)* que el tuyo en la Actividad 14? Explica las diferencias.

a. _____ _____

b. _____ _____

c. _____ _____

d. _____ _____

e. _____ _____

f. _____ _____

a. Misión de Concepción

b. Torre de las Américas

c. El Alamodome

d. Museo de Arte

e. Jardines Botánicos

f. Instituto de Culturas Texanas

Student Response Forms

24 En el restaurante

Imagina que sales a comer con dos amigos. Escucha sus preguntas y escoge la respuesta más apropiada para cada una de las preguntas.

1. _____

2. _____

3. _____

4. _____

5. _____

6. _____

7. _____

8. _____

a. Aquí somos famosos por las enchiladas suizas.
b. Creo que es Marisa, la nueva mesera.
c. Todavía no, pero ya sabemos qué queremos.
d. Es lo máximo. Todos los viernes hay mariachis.
e. A Casa Pepe. La comida ahí siempre es buenísima.
f. Dos dólares está bien.
g. Me trae enchiladas de mole, por favor.
h. Para mí, la tarta de manzana.

Repaso Activity 1

Escucha las siguientes conversaciones e indica qué díalogo corresponde a cada pareja que habla.

1. _____

2. _____

3. _____

4. _____

5. _____

6. _____

a. turista/policía
b. madre/hijo
c. mesera/cliente
d. turista/turista
e. pasajero/conductor de autobús
f. cliente/vendedor de boletos

Nombre _____ Clase _____ Fecha _____

■ PRIMER PASO

6-1 You will hear Vicente and Ana have several short conversations during their trip to Talavera. As you listen to each one, decide where they are at that moment and label the correct spot on the map with the number of the conversation.

1. _____
2. _____
3. _____
4. _____
5. _____

6-2 You will hear Luisa, a tourist, and Rafael, the reception clerk at the Hotel Imperial, talking about different places to visit in town. As you listen, label the map with the names of the places they mention.

Holt Spanish 2 ¡Ven conmigo!, Chapter 6

Listening Activities **47**

Additional Listening Activities

■ SEGUNDO PASO

6-3 Listen to the following announcements at a Spanish train station. Based on what you hear, match each item in the word box with the corresponding piece of information.

> andén 9   vía 12   taquilla 2
> andén 7   andén 5   taquilla 6

La doctora Salazar _____

Tren rápido para Sevilla _____

Señor Suárez Fernández _____

Tren de Valencia _____

Expreso de Granada _____

Tren Madrid-Málaga _____

6-4 Jaime and Georgina met each other for the first time yesterday while sightseeing. As they each tell you what they did, number each person's activities in the order in which they did them. Then, figure out where it was that the two tourists most likely met.

Jaime	Georgina
1. _____	_____
2. _____	la calle
3. el lago azul	_____
4. _____	Restaurante La Casa Bruja
5. _____	_____
6. Plaza de la Esperanza	_____
7. _____	_____
8. Cine Coloso	_____

9. Where did Jaime and Georgia meet? _____

Additional Listening Activities

■ TERCER PASO

6-5 Rosa and Leonardo had dinner at Mesón El Cid last night, where the service was a little irregular. Listen to the following brief conversations as they talk about what happened with a friend. For each item, indicate what Rosa or Leonardo ordered and what they were actually served.

LEONARDO		ROSA	
Pidió	Le sirvieron	Pidió	Le sirvieron
_____	_____	_____	_____
_____	_____	_____	_____
_____	_____	_____	_____
_____	_____	_____	_____
_____	_____	_____	_____
_____	_____	_____	_____

6-6 Maribel's soccer team is having a banquet at the Fonda Martínez, a local Mexican restaurant. Choose the best summary for each conversation you hear.

1. Carmen le pidió _____ al mesero.
   a. el arroz con pollo
   b. las enchiladas
   c. los tacos de pollo
   d. la pizza

2. Maribel pidió _____.
   a. las flautas
   b. las sopas de tortilla
   c. la pizza
   d. los tacos de pollo

3. La salsa está _____.
   a. muy picante
   b. muy caliente
   c. muy sabrosa
   d. muy salada

4. Maribel le pide al mesero _____.
   a. flan de coco
   b. pastel de queso
   c. helado de vainilla
   d. fruta fresca

5. Por qué le dejan 20% de propina al mesero?
   a. el mesero trajo mucha comida
   b. el servicio estuvo horrible
   c. el mesero estaba de mal humor
   d. el servicio estuvo excelente

Additional Listening Activities

SONG

There are many versions of songs entitled *La paloma*. The dove, or **la paloma**, is the bird used figuratively in love songs which say farewell. This particular song is about someone leaving Cuba.

La paloma

Yo soy la paloma errante que vengo aquí,
buscando el hermoso nido donde nací.
Cuando salí de La Habana, ¡válgame Dios!,
nadie supo mi salida, solito yo.

Si a tu ventana llega una paloma,
trátala con cariño, que es mi persona.
Cuéntale mis amores, bien de mi vida,
corónala de flores que es cosa mía.

Ay chinita que sí
Ay que dame tu amor
Ay que vente conmigo, chinita,
a donde vivo yo.

Si a tu ventana llega una paloma,
trátala con cariño, que es mi persona.
Cuéntale mis amores, bien de mi vida,
corónala de flores que es cosa mía.

Ay chinita que sí
Ay que dame tu amor
Ay que vente conmigo, chinita,
adonde vivo yo.

This song is recorded on *Audio Compact Discs*, CD 6, Track 26. Although it is presented with this chapter, it can be used at any time.

Holt Spanish 2 ¡Ven conmigo!, Chapter 6

Student Response Forms

7 ¿Ahora o antes?

Escucha las siguientes narraciones y escribe la frase **de niño** si la accion ocurrió en el pasado. Escribe **ahora** si ocurre en el presente.

1. _____
2. _____
3. _____
4. _____
5. _____
6. _____
7. _____
8. _____

13 ¿Qué le gustaba de niño?

Escucha a los padres de Joaquín mientras hablan de cómo era él de pequeño. Para cada actividad, escribe **le gustaba** o **no le gustaba** para indicar los gustos de Joaquín.

1. jugar con el perro
2. ir a la escuela
3. hacer la tarea
4. ayudar en casa
5. organizar el cuarto
6. ir a la cama temprano
7. cepillarse los dientes
8. levantarse temprano
9. compartir con su hermano

1. _____
2. _____
3. _____
4. _____
5. _____
6. _____
7. _____
8. _____
9. _____

Nombre _____ Clase _____ Fecha _____

18 El álbum fotográfico

Escucha mientras Rosa, la hermana de tío Martín, describe las antiguas fotos de su familia. Escoge la foto correcta para cada descripción. Hay una descripción que no corresponde a ninguna foto.

1. _____
2. _____
3. _____
4. _____

a   b   c

29 ¿Cómo era?

Escucha las siguientes descripciones. Escoge la expresión de **Así se dice** que representa la descripción.

_____ **a.** ...era tan bueno(a) como un ángel
_____ **b.** ...era tan fuerte como un toro
_____ **c.** ...era tan feliz como una lombriz

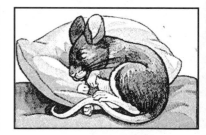

_____ **d.** ...era tan aburrido(a) como un pato
_____ **e.** ...era tan noble como un perro
_____ **f.** ...dormía tan bien como un lirón

Student Response Forms

Repaso Activity 1

Escucha a Rosa, la hermana de tío Martín, que habla del pasado. Decide si para ella las siguientes cosas eran mejor **en aquel entonces** o **ahora**.

1. el tránsito
2. los colegios
3. la vida en general
4. la comida
5. la ciudad
6. las diversiones

1. _____

2. _____

3. _____

4. _____

5. _____

6. _____

Additional Listening Activities

■ PRIMER PASO

7-1 You will hear Ángela talking about what things used to be like and what they're like now. Listen to her comments and indicate below whether each activity she mentions happened **antes** or **ahora**. Some activities may have happened both then and now.

Antes		Ahora
_____	salir solas las chicas	_____
_____	comer helado	_____
_____	llamar a amigos por teléfono	_____
_____	ir al centro comercial	_____
_____	trabajar	_____
_____	andar en bicicleta	_____
_____	hacer excursiones	_____
_____	preparar empanadas	_____
_____	usar coche	_____
_____	comer en restaurantes	_____

7-2 When Ana went to Puerto Rico to visit her grandparents, she found an old trunk in their house. Listen as Ana's grandmother talks about the family back in those days. As you listen, indicate below what each person liked to do when they were younger.

Nombre   **¿Qué le gustaba?**

Papá _____

Abuela _____

Margarita _____

Fernando _____

Olga _____

Additional Listening Activities

SEGUNDO PASO

7-3 You will hear Roberto asking his grandfather Alberto to describe what different family members were like when they were younger. Match each family member below to the correct description.

_____ 1. Fernando
    a. Odiaba trepar a los árboles.
    b. No le gustaba jugar con los otros niños.

_____ 2. Sarita
    a. Le encantaba hacer bromas a sus hermanos.
    b. Estudiaba sola en su cuarto.

_____ 3. Javier
    a. Le gustaba hablar mucho.
    b. Odiaba el fútbol.

_____ 4. Roberto
    a. No era buen estudiante.
    b. Le molestaba ir al colegio.

_____ 5. Abuela
    a. Le caía mal Luis.
    b. Compartía sus juguetes.

7-4 You will hear a conversation between Ignacio and don Rubén, his great-grandfather, about what life was like when don Rubén was growing up. Indicate below which items don Rubén says were a part of his life then.

_____aire limpio	_____fábrica lejos	_____estufa de leña
_____mucha contaminación	_____casa de dos pisos	_____el cine
_____mucho ruido	_____pozo detrás de la casa	_____el coche
_____casa pequeña	_____televisión	_____videojuegos
_____vida sencilla	_____escuchar radionovelas	_____lavaplatos

Additional Listening Activities

■ TERCER PASO

7-5 Miguel and Nuria are cousins, but their childhoods were very different. Listen as Nuria compares her experiences with Miguel's. Choose the best summaries below based on what you hear.

_____ 1. **a.** Nuria tenía más hermanos que Miguel.
    b. Nuria tenía menos hermanos que Miguel.

_____ 2. **a.** Miguel contaba tantos chistes como Nuria.
    b. Nuria contaba menos chistes que Miguel.

_____ 3. **a.** Nuria practicaba tantos deportes como Miguel.
    b. Nuria practicaba menos deportes que Miguel.

_____ 4. **a.** Miguel era tan aplicado como Nuria.
    b. Nuria era más aplicada que Miguel.

_____ 5. **a.** Miguel era tan aventurero como Nuria.
    b. Miguel era menos aventurero que Nuria.

7-6 Listen to the riddles Bernardo and his friends made up and see if you can guess which of the animals below they describe. One of the animals will not be described.

    a.   **b.**   **c.**   **d.**   **e.**   **f.**

1. _____

2. _____

3. _____

4. _____

5. _____

Additional Listening Activities

SONG

People born in Puerto Rico, one of the Caribbean's most popular tourist spots, often refer to the island by its Indian name of Borinquen. A **borinqueña** is a woman from Puerto Rico.

La borinqueña

La tierra de borinquén
donde he nacido yo
es un jardín florido
de mágico primor.
(Repite)

Un cielo siempre nítido
le sirve de dosel
y dan arrullo plácido
las olas a sus pies.

Cuando a sus playas llegó Colón,
exclamó lleno de admiración:
¡Oh! ¡Oh!

Ésta es la linda tierra
que busco yo.
Es borinquén la isla
la isla del mar y de sol.
(Repite)

Del mar y el sol
Del mar y el sol
Del mar y el sol
Del mar y el sol

This song is recorded on *Audio Compact Discs*, CD 7, Track 23. Although it is presented in this chapter, it can be used at any time.

Holt Spanish 2 ¡Ven conmigo!, Chapter 7

Student Response Forms

7   ¿Qué tal lo pasaron?

Escucha a tres personas que hablan de su fin de semana. Decide si lo pasaron **de maravilla**, **más o menos bien** o **malísimo**.

1. _____   2. _____   3. _____

18 ¿Es cierto?

Escucha las siguientes conversaciones entre Marta, la chica del **Vocabulario** en la página 229, y sus amigos. Con base en los dibujos abajo, decide si el diálogo es **lógico** o **ilógico**.

1. _____

2. _____

3. _____

4. _____

5. _____

6. _____

Student Response Forms

27 Festival de las Máscaras

Escucha los comentarios sobre el Día de las Máscaras. Decide si es información **directa** (*first-hand information*) o **indirecta** (*second-hand information*).

1. _____

2. _____

3. _____

4. _____

5. _____

6. _____

7. _____

8. _____

Holt Spanish 2 ¡Ven conmigo!, Chapter 8

Student Response Forms

Repaso Activity 1

¿Te gustan las películas? Escucha varias veces una descripción por radio de un festival de cine. Mientras escuchas, escribe la información necesaria.

1. la fecha del festival
2. el tema del festival
3. los países de dónde vienen las películas
4. el número de semanas que dura
5. el nombre de una película mexicana
6. el número de películas que presentan
7. el significado del 14 de julio
8. el nombre del teatro

1. _____
2. _____
3. _____
4. _____
5. _____
6. _____
7. _____
8. _____

Additional Listening Activities

■ PRIMER PASO

8-1 Gabriel is having a busy Monday at school talking to his friends. Based on what you hear, choose the correct answer below.

1. La nueva película de Luis Manuel estuvo _____.
   a. buenísma   **b.** malísima   **c.** más o menos

2. El examen de química estuvo _____.
   a. riquísimo   **b.** facilísimo   **c.** dificilísimo

3. La fiesta de Pati estuvo _____.
   a. aburridísima   **b.** feísima   **c.** buenísima

4. La novela de Dostoievski estuvo _____.
   a. lentísima   **b.** larguísima   **c.** más o menos

5. El partido estuvo _____.
   a. interesantísimo   **b.** lentísimo   **c.** malísimo

6. El zoológico estuvo _____.
   a. riquísima   **b.** aburridísimo   **c.** más o menos bien

8-2 The famous movie critic Jorge Pérez Blanco is commenting on some new movies of the week in a radio program. Based on his opinions, indicate below who would win the awards.

1. La mejor película es _____.
   a. *Aventuras en el Zoológico*
   b. *Terror en el Parque de Atracciones*
   c. *Miércoles de Matiné*

2. Los mejores efectos especiales son _____.
   a. en el zoológico   **b.** en la rueda de Chicago   **c.** en la montaña rusa

3. El mejor actor de *Terror en el Parque de Atracciones* es _____.
   a. Julio Almeida   **b.** Esteban Reyes   **c.** Boris González Aleo

4. El mejor actor de *Aventuras en el Zoológico* es _____.
   a. El loro Cotorrón   **b.** El cocodrilo Dientitos   **c.** Esteban Reyes

5. La peor actriz de *Terror en el Parque de Atracciones* es _____.
   a. Celia Libertad   **b.** Iris Morocha   **c.** La serpiente Serpentina

6. El peor actor de *Aventuras en el Zoológico* es _____.
   a. El cocodrilo Dientitos   **b.** Esteban Reyes   **c.** El loro Cotorrón

Additional Listening Activities

■ SEGUNDO PASO

8-3 You will hear a conversation between Paloma and her dad about all the chores and errands she was supposed to do. Then choose the correct response to the statements below.

ya lo hizo   **no lo hizo**

_____	llevar al perro al veterinario	_____
_____	pasar por el supermercado	_____
_____	lavar los platos	_____
_____	pasar por la farmacia	_____
_____	lavar la ropa	_____
_____	llevar el carro a la gasolinera	_____
_____	acompañar al hermanito al dentista	_____
_____	comprar estampillas para mamá	_____
_____	hacer la cama	_____

8-4 Felipe gave a beach party on Saturday. Some of his friends were unable to attend and called early Sunday to explain why they did not go. Based on what you hear, match each person to the picture below that explains his or her absence.

a.

b.

c.

d.

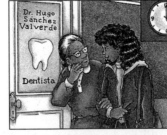
e.

f.

_____ Raimundo   _____ Susana

_____ Laura   _____ Cristián

_____ Daniel

Holt Spanish 2 ¡Ven conmigo!, Chapter 8

Nombre _____ Clase _____ Fecha _____

■ TERCER PASO

8-5 A radio news reporter is giving the details about yesterday's parade in the city: **El Desfile de las Máscaras**. Based on what you hear, indicate below who reported each fact.

_____ 1. Pedro Almaguer

_____ 2. Patricia Huerta

_____ 3. José López

_____ 4. Nidia Salamanca

_____ 5. Rosario Garabito

a. Los que desfilaron tuvieron un día muy largo.

b. Se lastimó la pantorrilla y no pudo desfilar.

c. Disfrutó mucho del desfile.

d. Es la locutora.

e. Más de 5.000 personas vieron el desfile.

f. Los trabajadores de la ciudad trabajaron mucho.

8-6 Every year, all the clubs at Beatriz and Roberto's school participate in the town festival and parade. You will hear a conversation between Beatriz and Roberto about getting everything ready. As you listen, complete the chart below.

	¿Dónde?	**¿Cuándo?**	**¿Quién?**
el desfile		**el sábado, 2:00**	
decorar la carroza	**frente a casa de Marisol**		
comprar las máscaras		**ya**	
diseñar los disfraces	**la casa de Timoteo**		
la fiesta			**todos**

Holt Spanish 2 ¡Ven conmigo!, Chapter 8

Listening Activities **65**

Additional Listening Activities

SONG

Sin fiesta no hay vida: *Without parties, what is life?* This is probably the most popular party song in Latin America. **La parranda** is another word for **fiesta**. The echoing parts in the chorus make this song fun to sing at parties or in other large group situations.

La parranda

Y ¡ay!, cuánto me gusta el gusto
y toda la parranda
y todo se me va en gozar.
¿Qué haré para enamorar
a esa pérfida mujer?
(Repite)

Bello es amar, bello es amar,
a una mujer, a una mujer,
a una mujer, a una mujer,
que sepa amar, que sepa amar.

Porque el amor, porque el amor,
es traicionero.
Soy parrandero, ¿para qué lo he de negar?
¿Para qué lo he de negar?

Y ¡ay, cuánto me gusta el gusto
y al gusto le gusto yo!
Y al que no le gusta el gusto,
tampoco le gusto yo.
(Repite)

Pero, ¡ay!, Jesús, pero, ¡ay!, Jesús,
¿Qué voy a hacer?, ¿Qué voy a hacer?,
Si en el amor, si en el amor,
todo es perder, todo es perder.

Porque el amor, porque el amor,
es traicionero.
Soy parrandero, ¿para qué lo he de negar?
¿Para qué lo he de negar?

This song is recorded on *Audio Compact Discs*, CD 8, Track 22. Although it is presented in this chapter, it can be used at any time.

Student Response Forms

7 ¿Dónde se encuentra?

José Luis trabaja en la oficina de turismo de Cuenca y hoy es su primer día de trabajo. Escucha las instrucciones que les da a los turistas. Mira el plano en la página 257 del libro de texto e indica si sus instrucciones son correctas o incorrectas.

_____ 1. para el Museo de Artes Populares

_____ 2. para la plaza Calderón

_____ 3. para el planetario

_____ 4. para el aeropuerto

13 Los anuncios del radio

Escucha el anuncio de la radio y corrige las siguientes frases si son falsas.

Advertisements for "Zar," "Dynastia," and "Everfit" from "Guía de Compras Navideñas" supplement from *El Colombiano*, año 82, no. 27.359, November 20, 1993. Reprinted by permission of **Esquema Publicidad**.

Adaptation of advertisement for "El Centro de la Moda" from *El Tiempo*, año 83, no. 28.931, December 18, 1993. Reprinted by permission of **El Centro de la Moda**.

1. Si compras un vestido o chaqueta en los almacenes Moda Masculina, Dynastía y Everfit, te regalan una camisa.

_____

2. El almacén Zar se encuentra lejos del Estadio Olímpico.

_____

3. El almacén Dynastía está en el cruce con la avenida 12 de Octubre.

_____

4. Si tomas la avenida Colón, vas a llegar a la tienda Dynastía.

_____

5. El almacén Everfit está detrás del Cine Coloso.

_____

Student Response Forms

16 En la tienda

Vas a escuchar seis conversaciones breves. Mientras escuchas, encuentra el dibujo que mejor corresponda a cada situación.

a.

b.

c.

d.

e.

f.

1. _____   2. _____   3. _____   4. _____   5. _____   6. _____

19 Escenas del probador

Hoy es sábado y todos están de compras. Vas a escuchar cinco conversaciones breves. Escoge la frase que mejor describa la situación en cada conversación.

1. **a)** Lola quiere comprar el vestido, pero es caro.
   b) Lola dice que el vestido le queda muy mal.

2. **a)** Martín piensa que se ve ridículo en su traje nuevo.
   b) La mamá de Martín dice que necesita algo más de moda.

3. **a)** La señora necesita una blusa del mismo color, pero más grande.
   b) La señora quiere una blusa de la misma talla, pero de otro color.

4. **a)** Al señor le quedan bien los pantalones pero no le gustan.
   b) Al señor le quedan grandes los pantalones, y necesita una talla más pequeña.

5. **a)** Roberto quiere comprar la camisa, pero necesita también una corbata.
   b) A Roberto le gusta la camisa verde, pero no la compra en este momento.

Holt Spanish 2 ¡Ven conmigo!, Chapter 9

Nombre _____ Clase _____ Fecha _____

24 ¡A escuchar!

Cuando estaba en Miami, Cecilia fue a una venta de segunda mano *(garage sale)*. Escucha las siguientes conversaciones e indica si la persona compró algo o no.

1. _____ 2. _____ 3. _____ 4. _____ 5. _____ 6. _____

26 En el mercado

Joe, un estadounidense, y Jaime, un mexicano, están en el mercado de la Lagunilla, en la Ciudad de México. Escucha las conversaciones que tienen con los vendedores. Luego decide si cada oración es **cierta** o **falsa**. Corrige las falsas.

1. El mercado de la Lagunilla es un mercado grande al aire libre.

_____

2. Los precios en este mercado son fijos.

_____

3. Joe sabe regatear muy bien.

_____

4. La vendedora de aretes le da a Joe un descuento.

_____

5. Jaime compra una guitarra por 500 pesos.

_____

6. Jaime ofrece 250 pesos por la guitarra.

_____

7. La última oferta de la vendedora es 450 pesos.

_____

Repaso Activity 1

Alicia y Ricardo están en la plaza Abdón Calderón en Cuenca y piden direcciones para llegar a los siguientes lugares. Escucha la conversación y usa el plano en la página 257 de tu libro de texto para decidir si ellos van a llegar bien con las direcciones que reciben. Si no, ¿adónde van a llegar?

1. Hotel Presidente _____

2. Restaurante Claro de Luna _____

3. Banco de la Vivienda _____

Additional Listening Activities

■ PRIMER PASO

9-1 Emilio is trying to land a job at the tourist office in Cuenca, but first he needs to prove to everyone that he knows his way around town. Based on the information on the map, indicate whether Emilio's answers are **a)** correct or **b)** incorrect.

_____ 1. Museo de Arte Moderno

_____ 2. Aeropuerto

_____ 3. Planetario

_____ 4. Ruinas de Todos los Santos

_____ 5. Plaza Calderón

Additional Listening Activities

9-2 Congratulations to Emilio! He learned a lot about Cuenca and got a job at the tourist office. Look at the map of Cuenca again and listen as Emilio answers the phone and gives people directions. Based on his directions, try to figure out where each person is trying to get to.

1. _____   4. _____

2. _____   5. _____

3. _____

■ SEGUNDO PASO

9-3 You will hear a conversation between Ricardo, who is shopping for an outfit for a job interview, and the staff of a department store. Based on what you hear, answer the questions.

_____ 1. What size suit does Ricardo wear?
   a. 36
   b. 18
   c. 38

_____ 2. What color is the suit that Ricardo tries on?
   a. gray
   b. blue
   c. brown with stripes

_____ 3. What does Ricardo like most about the suit?
   a. the fabric
   b. the color
   c. the price

_____ 4. What kind of tie is Ricardo getting?
   a. polka-dotted
   b. striped
   c. wool

_____ 5. Where is the shoe department located?
   a. next to the exit
   b. on the fourth floor
   c. to the left of the cashier

Nombre _____ Clase _____ Fecha _____

9-4 Luisa went shopping for clothes this weekend. Unfortunately, she didn't have time to try on some of what she bought and some of it doesn't quite fit right. Listen as she talks with her mother about how she looks in her new clothes. Then mark the statements that follow **cierto** or **falso**.

_____ 1. La mamá le dice a Luisa que se ve de maravilla en la blusa blanca.

_____ 2. La mamá piensa que la blusa que Luisa se probó le queda muy estrecha.

_____ 3. La falda de rayas le queda muy bien a Luisa.

_____ 4. A Luisa le gustan los colores sólidos porque están de moda.

■ TERCER PASO

9-5 Raúl and Rafael are out shopping. Listen to their conversations with each other and with various store clerks. Based on what you know about shopping and bargaining in Spanish-speaking countries, decide if they're more likely to be **a)** in an open air market or **b)** in a shopping center or mall.

1. _____ 2. _____ 3. _____ 4. _____ 5. _____

9-6 Perla went to buy fruit at the market. Based on what you hear, decide if she **a)** paid the asking price, **b)** got a bargain, or **c)** decided not to buy any at all.

1. _____ 2. _____ 3. _____ 4. _____ 5. _____ 6. _____

Additional Listening Activities

SONG

Andean folk music comes from the highland regions of Bolivia, Chile, Colombia, Ecuador, and Peru. A **cueca** is a traditional dance from the Andes. It is the national dance of Chile. **"Ámame mucho"** is an example of a **cueca**.

Ámame mucho

En una noche callada, para que se oiga mejor,
Ámame mucho que a ti te amo yo. *(Repite)*
Canta el ruiseñor sus penas. ¡Ay, no! ¡Ay no!
Canta el ruiseñor sus penas con melancólica voz.
Ámame mucho que a ti te amo yo.
(Repite)

This song is recorded on *Audio Compact Discs*, CD 9, Track 25. Although it is presented in this chapter, it can be used at any time.

7 El cuento empieza así

Escucha la primera parte de los siguientes cuentos. Mira las fotos y escribe la letra de la foto que corresponde a cada cuento.

a

b

c

d

1. _____

2. _____

3. _____

4. _____

Student Response Forms

15 Érase una vez...

Escucha las siguientes frases y decide si representan **el principio**, **la continuación** o **el fin** de un cuento.

1. _____   5. _____

2. _____   6. _____

3. _____   7. _____

4. _____   8. _____

24 ¿Tiene sentido?

Escucha las siguientes conversaciones. Si la segunda persona responde de una manera lógica, escribe **sí**. Si no responde de una manera lógica, escribe **no**.

1. _____

2. _____

3. _____

4. _____

5. _____

6. _____

7. _____

8. _____

Student Response Forms

Repaso Activity 1

Lee la siguiente lista de cuentos y trata de imaginarte cómo van a ser. Luego, escucha el primer párrafo de cada cuento y selecciona el título que corresponda.

a. Aventura en alta mar
b. Tragedia en el parque
c. Enamorado
d. Misterio en Buenos Aires
e. Juan de Fulano, detective

1. _____

2. _____

3. _____

4. _____

5. _____

■ PRIMER PASO

10-1 A crime was committed last July 8 in Buenos Aires and Detective Almodóvar's suspects all have an alibi. Listen to the weather forecast that was broadcast the day after the crime. Then read each suspect's alibi and answer **sí** if the alibi is sound, or **no** if it sounds fishy.

_____ 1. *Pablo* (Suspect #1):
He was swimming in his aunt's swimming pool all day.

_____ 2. *Jackie* (Suspect #2)
She was home alone reading all day because the weather was bad in Córdoba.

_____ 3. *Kerry* (Suspect #3)
She stayed in Mendoza all week and she didn't go to Buenos Aires because the weather was bad.

_____ 4. *Wanda and Jim* (Suspects #4)
Because of the fog, there was poor visibility in the highway. They stayed in a very luxurious hotel at $500 per night.

10-2 Several volunteers are reading storybooks to the blind at the local public library. Listen as each volunteer sets the scene for the story, then answer the questions below.

_____ 1. What did you listen to?
a. a description of the zoo and a fable
b. two fables and a dream
c. a weather report and a news report

_____ 2. Which location is not present in the segments?
a. the beach
b. the forest
c. the mountains

_____ 3. Which animals are found in these stories?
a. birds and cats
b. dogs and mice
c. snakes and lizards

Additional Listening Activities

■ SEGUNDO PASO

10-3 You will hear a fable. Based on what you hear, arrange the sentences below in a chronological order. Write the numbers 1 to 5 in the spaces provided.

_____ El hombre se quitó el abrigo.

_____ Un enano y un hada madrina charlan tranquilamente.

_____ El enano respiró con toda su fuerza.

_____ Un enano y un hada madrino quieren saber quién es más fuerte.

_____ El sol brilló con toda su fuerza.

10-4 Paco is telling Jaime about his dream last night. Based on what you hear, arrange the sentences in chronological order. Write the numbers 1 to 5 in the space provided.

_____ OVNI en tierra

_____ ir en coche

_____ el despertador suena

_____ subir a la nave espacial

_____ ver una luz fuerte

Holt Spanish 2 ¡Ven conmigo!, Chapter 10

Additional Listening Activities

■ TERCER PASO

10-5 A lot was happening today, and Hugo heard all about it. For each item he heard, circle **noticia** if it was official news, or circle **chisme** if it was gossip.

1. noticia   chisme

2. noticia   chisme

3. noticia   chisme

4. noticia   chisme

5. noticia   chisme

10-6 Adriana has been out of town visiting relatives and now she is catching up on all the latest news. Choose the phrase that best summarizes her reactions to what Ricardo tells her.

1. Adriana está _____.
   a. feliz
   b. triste
   c. preocupada

2. Adriana está _____.
   a. triste
   b. angustiada
   c. interesada

3. Adriana _____.
   a. no lo puede creer
   b. está segura que es mentira
   c. está feliz

4. A Adriana le parece _____.
   a. increíble
   b. una sorpresa
   c. normal

Additional Listening Activities

COPYING MASTERS

SONG

Corridos are types of songs that narrate a story, from the times of the Mexican Revolution of 1910. The **corridos** can tell happy, sad, or tragic stories. The songwriter mentions Carlota and Maximiliano, who, at the time of the Revolution, were the Emperors of Mexico during the French Intervention. In this song, *Yo soy el corrido*, the songwriter personifies what the **corrido** is, and he explains it in the lyrics.

Yo soy el corrido

Yo soy el corrido,
canto alegrías, tragedias y penas.
Amigo de amigos, pero soy azote de mis enemigos,
yo soy el corrido.

Yo soy el corrido,
y anduve en la moda, con mamá Carlota.
También fui tragedia, cuando fusilaron a Maximiliano,
el aventurero.

Soy la voz, la de mi pueblo.
Soy la voz, la de la calle,
hállenme donde me hallen,
yo soy el corrido,
y canto tragedias y melancolías, también alegrías.
(Repite)

This song is recorded on *Audio Compact Discs*, CD 10, Track 21. Although it is presented with this chapter, it can be used at any time.

Holt Spanish 2 ¡Ven conmigo!, Chapter 10

Student Response Forms

7 ¿Crisis o no?

Una reportera entrevistó a varias personas del público sobre el medio ambiente. Para cada persona, decide si la situación que describe está **grave, mejor** o si **no hay problema.**

a. la contaminación del aire   _____

b. la contaminación del agua   _____

c. la conservación de energía   _____

d. la destrucción de la capa de ozono _____

e. la colaboración de la gente   _____

17 El Club de ecología

Escucha mientras cuatro expertos hablan con los miembros del Club de ecología sobre los problemas ambientales. Escoge el dibujo que corresponde a las consecuencias que describe cada persona.

a   b   c   d

1. _____

2. _____

3. _____

4. _____

Student Response Forms

20 ¿Están de acuerdo?

Escucha las conversaciones y decide si la segunda persona **está de acuerdo** con la primera o **no está de acuerdo**.

1. _____

2. _____

3. _____

4. _____

5. _____

6. _____

7. _____

25 ¿Qué dijo?

Listen to these remarks from a program on the environment, and choose which phrase in each case is the correct beginning of the speaker's sentence.

_____ 1. a. No hay que...
        b. Deberíamos...

_____ 2. a. No es necesario
        b. Hay que...

_____ 3. a. Deberíamos...
        b. No es importante...

_____ 4. a. No hay que...
        b. A todos nos toca...

_____ 5. a. Es necesario...
        b. No hay que...

_____ 6. a. No deberíamos...
        b. Sí, podemos...

Holt Spanish 2 ¡Ven conmigo!, Chapter 11

Student Response Forms

Repaso Activity 1

El Club Ecológico invitó a un científico famoso a su reunión. Escucha un reportaje de lo que dijo y escribe la información pedida.

1. Nombre del científico

   _____

   _____

2. Su área de especialización

   _____

   _____

3. El problema que menciona

   _____

   _____

4. Posibles soluciones

   _____

   _____

Additional Listening Activities

■ PRIMER PASO

11-1 Ana, the president of the Students' Committee to Preserve the Environment, is surveying the volunteers for this year's campaigns. Based on what you hear, indicate which volunteer will probably take charge of each problem listed.

	contaminación del mar	smog	desperdicio del petróleo	basura
Paco				
Ana				
Lourdes				
Gloria				

11-2 Carlos is worried about different environmental problems. Based on what he tells his friiends, answer the questions below.

_____ 1. What is Carlos talking about with his friends?
    a. the news
    b. environmental problems
    c. camping

_____ 2. How would you summarize the attitude of Carlos's friends?
    a. indifferent
    b. positive
    c. negative

_____ 3. Imagine Carlos is going to organize a student group to try to solve a social problem. How many of his friends do you think will join Carlos's group?
    a. none
    b. one
    c. three

■ Additional Listening Activities

■ SEGUNDO PASO

11-3 Ana is now delivering a campaign speech. Based on what she says, respond to the following questions.

_____ 1. Ana wants to be president of _____.
  a. the student council
  b. the country
  c. a student club

_____ 2. Ana is giving a campaign speech about _____.
  a. student's responsibilities
  b. school policy
  c. environmental problems

_____ 3. How do you describe Ana's attitude toward solving problems?
  a. indifferent
  b. negative
  c. positive

11-4 Several pairs of friends are talking about the environmental consequences of our way of living. Listen to the following exchanges and decide if the second speaker agrees (**está de acuerdo**) or disagrees (**no está de acuerdo**).

está de acuerdo	nombre	no está de acuerdo
	Daniel	
	Socorro	
	Roberta	
	Paco	
	Támara	
	Sra. Álvarez	

Holt Spanish 2 ¡Ven conmigo!, Chapter 11

■ TERCER PASO

11-5 Ecomalo and Ecobueno are the two sides of the ecological conscience of the Martínez family. Based on their conversation, choose the correct response.

_____ 1. Ricardo _____.
   a. no hace nada
   b. apagó la luz de su cuarto
   c. no fue a la sala

_____ 2. Lupita _____.
   a. dejó abierta la llave del agua
   b. cerró la llave del agua
   c. no se lavó los dientes

_____ 3. Silvia _____.
   a. se lavó los dientes con Lupita
   b. cerró la llave del agua
   c. jugó con Lupita en el baño

_____ 4. Don Roberto _____.
   a. tiró la basura al suelo
   b. tiró el periódico
   c. tiró la lata de aluminio en el bote de reciclar

11-6 "Manos a la Obra" is a radio program that focuses on the positive contributions California youth make to society. Listen to Lidia Ayala's latest interview and answer the questions below.

_____ 1. What did you listen to?
   a. a conversation in the school
   b. a radio program
   c. a radio advertisement

_____ 2. What are Lidia and María talking about?
   a. tourist sites in Monterrey
   b. social issues
   c. the environment

_____ 3. In which country did the conversation take place?
   a. Mexico
   b. United States
   c. Ecuador

Additional Listening Activities

SONG

Las golondrinas, *the swallows*, migrate south every winter and come back again in the spring. In this song, the singer laments their departure and offers the weary birds the hearth as a refuge to weather the hardships of winter. It is often sung in Mexico to bid farewell to friends and dear ones.

Las golondrinas

¿Adónde irá, veloz y fatigada,
la golondrina que de aquí se va?
Oh si en el viento se mira angustiada,
buscando abrigo y no lo encontrará.

Junto a mi lecho hallará su nido
en donde pueda la estación pasar.
También yo estoy en la región perdida,
Oh cielo santo y sin poder volar.
(Repite)

This song is recorded on *Audio Compact Discs*, CD 11, Track 23. Although it is presented in this chapter, it can be used at any time.

Holt Spanish 2 ¡Ven conmigo!, Chapter 11

Student Response Forms

8 ¡El verano pasado!

Eva está explicando lo que hizo el verano pasado. Escucha lo que dice y completa las frases siguientes. ¿Qué más hizo o no hizo ella?

1. Fue a... _____

2. Se quedó... _____

3. Aprendió a... _____

4. Se hizo amiga de... _____

5. _____ ...un empleo.

6. _____ ...se enamoró.

11 El viaje de Matilde

A. Mira la lista de actividades que Matilde hizo cuando fue de vacaciones a San Diego. Con base en lo que ella dice, pon las actividades en orden. Si el viaje de Mati comenzó el 17 de julio, ¿qué día terminó?

1. _____

2. _____

3. _____

4. _____

5. _____

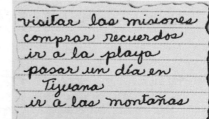

visitar las misiones
comprar recuerdos
ir a la playa
pasar un día en Tijuana
ir a las montañas

El viaje terminó _____

B. Ahora escucha de nuevo y escribe lo que dice Matilde.

_____

_____

_____

Student Response Forms

17 Primeras impresiones

Escucha mientras Yasmín describe a unas personas que conoció en un viaje reciente. Decide si cada persona **le cayó bien** o **mal.**

la directora del colegio   _____

Guadalupe   _____

los padres de Consuelo   _____

el vecino de Consuelo   _____

el señor Montemayor   _____

20 Paisajes

Escucha mientras varias personas describen los lugares donde viven. Decide qué foto corresponde a cada descripción.

   a. Ecuador   b. Texas   c. Puerto Rico   d. España

1. _____

2. _____

3. _____

4. _____

26 Carmiña conversa

Escucha la conversación de Carmiña mientras cuenta lo que tiene planeado para el mes de agosto. Escribe cuándo va a hacer cada actividad.

_____ 1. volver a la Florida   **a.** cuando tenga dinero

_____ 2. ir a la playa   **b.** mañana

_____ 3. contarles todo a sus amigos **c.** cuando llegue Gloria

_____ 4. tomar una clase de buceo   **d.** el mes que viene

_____ 5. prepararse para volver a clases **e.** para fines de agosto

Repaso Activity 1

Takashi llegó a San Diego el 15 de julio para pasar dos semanas con Ignacio. Escucha mientras describe el viaje para decir cuándo hizo las siguientes actividades.

1. planear las actividades

_____

2. nadar en Mission Bay Park

_____

3. empezar a conocer San Diego

_____

4. volver a San Antonio

_____

5. ir al zoológico

_____

6. visitar la Universidad de California en San Diego

_____

7. ir a la isla de Coronado

_____

■ PRIMER PASO

12-1 Beto and Arturo are talking about what's been going on with some of their friends. Based on what you hear, match each facial expression with the name of the person it most likely represents. Some may be used more than once.

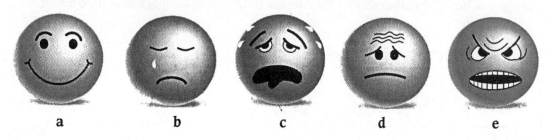

a   b   c   d   e

1. Enrique _____   2. Ana _____   3. César _____   4. Chema _____

12-2 Rosa and Rebeca are talking about what they did over summer vacation. Based on what they say they did, fill in the following chart with the activities listed.

domingo	lunes	martes	miércoles	jueves	viernes	sábado
13 salida	**14**	**15**	**16**	**17**	**18** pescar en la Laguna Serena	**19**
20 ir de compras al mercado de artesanías	**21**	**22** regreso a casa	**23**	**24**	**25**	**26**

a. Rebeca encontró un empleo.

b. Rosa se metió al mar.

c. Rosa fue a Matamoscos.

d. Rosa buscó un hotel.

e. Rebeca conoció a Camilo Fuentes.

f. Rosa hizo una excursión a la Isla Diamante.

Additional Listening Activities

■ SEGUNDO PASO

12-3 Rubén, who is new at school, just spent a week on the road with the debate team during competition season. It gave him a chance to get to know certain people quite a bit better. Listen as Irma asks him what he thought of them. Based on his remarks, complete the chart below. The second time you hear the conversation, indicate the outstanding quality that Rubén found in each new acquaintance.

	buena onda	mala onda	ni fu ni fa
Lucila			
Efrén			
Sandra			
Minerva			
Gonzalo			
Sr. Ginaster			

12-4 Carlos Quintero, a Spanish news journalist in Sevilla is interviewing Manolo Salvatierra, who just got back from a tour through South America. Based on his descriptions and impressions, match the name of each place with the correct picture.

a.

b.

c.

1. _____ Lima, Perú

2. _____ Santiago, Chile

3. _____ Buenos Aires, Argentina

Holt Spanish 2 ¡Ven conmigo!, Chapter 12

Additional Listening Activities

■ TERCER PASO

12-5 Mariana was daydreaming in her geography class, but Juan interrupted her. Based on what you hear, choose the correct answer.

1. Mariana va a ir de vacaciones a San Diego cuando _____
   a. comience el verano.
   b. terminen las clases.
   c. termine el verano.

2. Mariana va a ir a Europa cuando _____
   a. tenga su boleto.
   b. su papá le dé dinero.
   c. tenga más dinero.

3. Mariana va a ir a Albuquerque cuando _____
   a. llegue su tía.
   b. sea muy rica.
   c. llegue su prima Antonia.

12-6 Eugenio is a senior at Garland High School and is being interviewed by Maribel for a profile in the yearbook. Listen as he talks about some of his future plans. For each thing that he plans to do, indicate whether he plans to do it in the **immediate future** *(the same day or the same week)*, **the near future** *(within a year)*, or **the distant future** *(in 10 years or more)*.

plan	immediate future	near future	distant future
comer un sándwich			
graduarse			
ir a la universidad			
estudiar el arte			
ser artista famoso			
ir a la playa			
buscar empleo			
viajar por el mundo			

Additional Listening Activities

SONG

One of the traditional types of music of Mexico is that of the **mariachis,** a group of strolling musicians. They are hired usually by a man to go to the doorsteps of his beloved and serenade her. The music of the **mariachis** has become so popular that now they are hired to play and sing almost everywhere. They have a vast repertory of music, and most of the songs they perform are love songs, like **Los laureles.** This song is a farewell song.

Los laureles

¡Ay qué laureles tan verdes!
¡Qué flores tan encendidas!
Si piensas abandonarme,
mejor quítame la vida,
alza los ojos a verme, si no estás comprometida.

Eres mota de algodón,
que vives en el capullo.
¡Ay qué tristeza me da cuando te llena de orgullo,
de ver a mi corazón enredado con el tuyo!

¡Sí, señor!

Eres rosa de castilla,
que sólo en mayo se ve,
quisiera hacerte un envite pero la verdad no sé,
si tienes quién te lo evite, mejor me separaré.

Ahí les va la despedida,
chinita por tus quereres,
la perdición de los hombres son las bonitas mujeres,
aquí se acaban cantando los versos de los laureles.

This song is recorded on *Audio Compact Discs*, CD 12, Track 28. Although it is presented in this chapter, it can be used at any time.

Holt Spanish 2 ¡Ven conmigo!, Chapter 12

Scripts and Answers for Textbook Listening Activities and Additional Listening Activities

PRIMER PASO

Activity 8

MODELO: Soy introvertido, alto y calvo.

1. Soy una señora muy elegante, alta y un poco canosa.
2. Soy bastante extrovertida. Tengo el pelo rizado.
3. Soy un poco tímido. Soy bien rubio.
4. Somos atléticos, altos y delgados.
5. Somos inteligentes, artísticas y rubias.
6. Soy una persona de estatura mediana y pelo castaño.

Answers to Activity 8
A.
1. Doña Violeta
2. Juanita
3. Sebastián
4. Simón y Olga
5. Lupe y Ana
6. Beatriz

B.
See script above for dictation answers.

SEGUNDO PASO

Activity 16

1. — ¿Cómo te llamas?
   — Ivonne Ortega Martínez.
   — Dinos, Ivonne, ¿qué haces los fines de semana?
   — Mi hermano y yo tocamos la guitarra y cantamos, o sea practicamos en el coro de la iglesia.
2. — ¿Y tú? ¿Cómo te llamas y adónde sales con amigos?
   — Me llamo Rubén Ramírez y pues salimos al centro a dar una vuelta porque andamos sin dinero; entonces vamos a dar una vuelta nada más.
3. — ¿Cómo te llamas?
   — María Brenes, para servirle.
   — Muy bien. ¿Cómo pasan el tiempo tú y tus amigas?
   — Pues, una de mis amigas tiene un restaurante. Entonces vamos al restaurante a comer. Nos sentamos, comemos y ahí hablamos y todo, y después regresamos a casa.
4. — A ver, última entrevista. Tú, ¿cómo te llamas?
   — Bruno Padilla Rodríguez.
   — ¿Qué haces los fines de semana?
   — Salgo con mi novia.
   — ¿Y adónde van?
   — Bueno, a veces voy a la casa de ella y allí pasamos un rato con la familia y hablamos.

Answers to Activity 16
1. b
2. c
3. d
4. a

TERCER PASO

Activity 26

— Buenas tardes. Bienvenida a nuestra invitada, la gran cantante, Sonia Golondrina.
— Es un placer estar aquí con ustedes.
— Sonia, ¿te gusta viajar?
— Sí, por supuesto. Me fascina viajar, especialmente a los Estados Unidos. Pero me choca viajar en coche.
— Y ¿qué te gusta hacer durante tu tiempo libre?
— Me encanta escribir cartas a mi familia. También me gusta tocar la guitarra. Pero no me gusta mirar la televisión para nada.
— ¿Practicas algún deporte?
— Bueno, me gusta nadar y jugar al tenis.
— ¿Y correr?
— Uy, me choca correr.
— Sonia, ¿qué tipo de comida te gusta?
— Bueno, me fascina la comida mexicana pero no me gusta la comida china.
— Sonia, gracias por hablar con nosotros hoy.
— Gracias a usted.

Answers to Activity 26

1. sí
2. no
3. sí
4. sí
5. no
6. sí
7. sí
8. no
9. no

REPASO

Activity 1

SYLVIA	Hola, Rebeca. Soy Sylvia. ¿Cómo estás?
REBECA	Bien, gracias. Oye, ¿sabes que hay algunos estudiantes nuevos este año?
SYLVIA	Sí. En mi clase de matemáticas hay un chico cubano. Se llama Martín. Es alto, tiene el pelo rizado. Es muy guapo. Le gusta mucho dibujar. ¿Y en tus clases?
REBECA	Bueno, hay una chica mexicana en mi clase de historia. Se llama Cecilia. Habla muy poco.
SYLVIA	¿Es alta y rubia?
REBECA	No, es baja y morena, de pelo rizado.
SYLVIA	No sé quién es. A ver, ¿quién más?
REBECA	También está Sofía.
SYLVIA	¿La chica rubia?
REBECA	Sí, la rubia. Es muy elegante y sofisticada. Le encanta el arte moderno. El otro estudiante nuevo es Andrés. Es uruguayo y es muy inteligente. Es moreno. Siempre está en la biblioteca.
SYLVIA	Oye, tenemos que hacer una fiesta e invitar a todos los estudiantes nuevos.
REBECA	Sí, buena idea. Podemos invitar a Gloria también. Es pelirroja y muy atlética.

Answers to Repaso Activity 1

1. c (Cecila)
2. e (Martín)
3. b (Sofía)
4. f (Andrés)
5. d (Gloria)

Additional Listening Activity 1-1, p. 7

SANDRA	A ver...Vienen cuatro estudiantes de intercambio. La primera se llama Victoria Sánchez. Es de Santiago de Chile. Es baja, morena, tiene el pelo negro y corto, ojos negros y lleva lentes. Marcos Gaitero también es de Sudamérica, es de Argentina. Él es rubio, alto y tiene los ojos, ¿de qué color? Ah, sí, son azules. ¿Quién más?...Leonor Elías, de México. Ella es una chica alta, delgada y morena. Tiene pelo negro, muy largo, y lleva lentes. Vienen dos chicas con lentes. Hay un estudiante que viene del Caribe: Rafael Béjar, de la República Dominicana. Él es un chico moreno, alto y de pelo rizado.

Additional Listening Activity 1-2, p. 7

SECRETARY	Fernando, bienvenido a la primera reunión.
FERNANDO	Gracias, señorita.
SECRETARY	Dime, ¿de dónde eres?
FERNANDO	Soy puertorriqueño, de San Juan.
SECRETARY	¿Y cuántos años tienes?
FERNANDO	Tengo 15 años.
SECRETARY	Guadalupe, tú eres mexicana, ¿verdad?
GUADALUPE	Sí soy de Chihuahua, del norte de México.
SECRETARY	Perdón. ¿Y qué edad tienes?
GUADALUPE	Tengo 16 años.
SECRETARY	Y, ¿tu amiga Marta? Creo que es la única argentina. Es de la ciudad de Buenos Aires, ¿no?
GUADALUPE	No, es uruguaya, de Montevideo.
SECRETARY	¿Y cuántos años tiene ella?
GUADALUPE	14.
SECRETARY	Ramón, tú eres de Colombia, ¿verdad?
RAMÓN	Correcto. Soy de Bogotá.
SECRETARY	¿Y cuántos años tienes, Ramón?
RAMÓN	Tengo 15 años.
SECRETARY	Muy bien. Bienvenido.
RAMÓN	Gracias.

Additional Listening Activity 1-3, p. 8

JUAN JOSÉ	Catalina, hay que empezar con esa tarea para la clase de historia.
CATALINA	Sí, de acuerdo. ¿Cuándo nos vemos?
JUAN JOSÉ	¿Qué tal si empezamos mañana, el martes, después de clases?
CATALINA	Es posible. Pero a las cuatro voy al cine con Paco. ¿Qué te parece más tarde, como a las seis?
JUAN JOSÉ	No, yo no puedo a las seis. Tengo que ir al supermercado con mi tía a esa hora.
CATALINA	¿Qué tal si nos vemos cuando ustedes dos regresen del supermercado?
JUAN JOSÉ	Me gustaría siempre y cuando no nos quedemos despiertos muy tarde. Tengo que levantarme muy temprano el miércoles.
CATALINA	Entonces, ¿por qué no nos vemos otro día, como el jueves, después de clases?
JUAN JOSÉ	Prefiero entonces hacer la tarea el fin de semana.
CATALINA	Sí, perfecto.

Additional Listening Activity 1-4, p. 8

PABLO	Saúl, ¿qué vas a hacer este sábado?
SAÚL	Este sábado voy a comer en un restaurante con mis amigas Angélica y María. A nosotros nos encanta la comida italiana y planeamos ir al nuevo restaurante italiano. Luego, vamos a ir al cine a ver una película de acción. Y tú, Ana, ¿qué piensas hacer?
ANA	Dicen que va a hacer mal tiempo, pero ¿y qué? A mí me fascina pasar horas en casa. Mi hermano Manuel y yo somos muy buenos amigos. Podemos hablar, tomar refrescos, escuchar música. En fin, lo vamos a pasar muy bien.
SAÚL	¿Y tú, María?
MARÍA	Personalmente, este domingo voy a tocar la guitarra con mi hermano Juan. Siempre cantamos en las fiestas familiares y tenemos que preparar una canción especial para el cumpleaños de mi abuelo.
PABLO	Fernando, ¿qué haces tú el sábado?
FERNANDO	El sábado voy a ir con Arturo y Raúl a dar un paseo. Nos encanta ir al centro de la ciudad, caminar y comprar algunas cosas.

Additional Listening Activity 1-5, p. 9

ENRIQUE	¡Uf! ¡Qué día! Estoy cansado, Daniela.
DANIELA	Yo también, Enrique, la clase de inglés no me gusta para nada. ¡Tenemos que leer un libro cada semana!
ENRIQUE	A mí me encanta la clase de inglés. Los libros que vamos a leer este año son fascinantes. En cambio, la clase de química me choca. Es muy aburrida.
DANIELA	Pero, ¿qué dices? Ésa es mi clase favorita.
ENRIQUE	Entonces a ti también te gusta la clase de álgebra, ¿no?
DANIELA	Sí, me gusta, pero no entiendo mucho y los problemas son muy difíciles.
ENRIQUE	A mí no me gusta para nada. ¿Sabes, Daniela? Tengo mucha hambre.
DANIELA	¿Por qué? ¿No almorzaste hoy?
ENRIQUE	No. Se me olvidó el almuerzo en casa, y me choca la comida de la cafetería. ¡Es horrible!
DANIELA	¿No te gusta? A mí me fascina.
ENRIQUE	¡Es que tú no sabes nada de comida! En el restaurante de la esquina venden unas hamburguesas de-li-cio-sas. ¿Vamos?
DANIELA	De acuerdo.

Additional Listening Activity 1-6, p. 9

SOFÍA	Oye, Diego, quiero hablar contigo sobre el equipo de fútbol. Estoy planeando hacer el equipo. ¿Te gustaría jugar con nosotros?
DIEGO	Sí, claro. Me gustaría jugar en tu equipo.
SOFÍA	Perfecto. Gracias, Diego.
SOFÍA	Oye, Marisa... ¿te gustaría jugar al fútbol en un nuevo equipo?
MARISA	No sé... Me gusta más el baloncesto. Mejor no me meto.
SOFÍA	Juan Carlos, ¿te fascinan los deportes?
JUAN CARLOS	Claro, me gusta mucho jugar al tenis.
SOFÍA	¿Y el fútbol?
JUAN CARLOS	¿El fútbol? No, el fútbol me choca.
SOFÍA	¡Qué pena!
SOFÍA	Esteban, ¿te gustaría jugar al fútbol con nuestro equipo nuevo?
ESTEBAN	No sé... el fútbol me gusta, pero este año quiero jugar béisbol con el equipo del colegio. Me fascina el béisbol.
SOFÍA	Puedes jugar en los dos equipos, ¿no?
ESTEBAN	No, no voy a tener tiempo. Lo siento mucho.
SOFÍA	Isa, quiero formar un equipo de fútbol para la liga municipal, y necesito jugadores. ¿Te gusta el fútbol?
ISA	Sí, pero el voleibol es mi deporte favorito.
SOFÍA	¿Pero no va a haber equipo de voleibol este año?
ISA	Claro que sí. Yo lo estoy haciendo, ¿quieres jugar con nosotros?

Answers to Additional Listening Activities

Additional Listening Activity 1-1, p. 7

   a. Leonor
   b. Victoria
   c. Rafael
   d. Marcos

Additional Listening Activity 1-2, p. 7

Nombre: Fernando
Edad: 15 años
Nacionalidad: puertorriqueño
Nombre: Guadalupe
Edad: 16 años
Nacionalidad: mexicana

Nombre: Marta
Edad: 14 años
Nacionalidad: uruguaya
Nombre: Ramón
Edad: 15 años
Nacionalidad: colombiano

Additional Listening Activity 1-3, p. 8

el horario de Catalina y Juan José

	martes
4:00–5:00	al cine con Paco
5:00–6:00	
6:00–7:00	al supermercado con mi tía
7:00–8:00	

Catalina and Juan José decide to do the homework on the weekend.

Additional Listening Activity 1-4, p. 8

   a. Ana
   b. María
   c. Fernando
   d. Saúl

Additional Listening Activity 1-5, p. 9

Enrique		**Daniela**
sí	la clase de inglés	no
no	la clase de química	sí
no	la clase de álgebra	sí
no	la comida de la cafetería	sí

Additional Listening Activity 1-6, p. 9

el fútbol	Diego
el baloncesto	Marisa
el tenis	Juan Carlos
el béisbol	Esteban
el voleibol	Isa

Holt Spanish 2 ¡Ven conmigo!, Chapter 1

PRIMER PASO

Activity 6

1. — Norma, ¿nos acompañas al cine?
   — Gracias, pero tengo mucho sueño. Creo que voy a acostarme temprano.
2. — ¿Qué tal Guillermo?
   — Fatal, hombre. La clase de física es muy difícil. No entiendo nada, y tenemos examen mañana.
3. — Laura, ¿por qué no vienes al parque con nosotros?
   — Gracias, pero no me siento bien. Me duele la cabeza. Tal vez otro día.
4. — ¿Qué te pasa, Sara? ¿Por qué lloras?
   — Es que nuestro perro Sultán está enfermo. El pobre ya es muy viejo.
5. — Ricardo, ¿ya hiciste el examen de inglés?
   — Sí, hombre, sí. Mira, saqué un diez. Contesté bien todas las preguntas.
6. — ¿Qué te pasa, Martín?
   — No hay nada que hacer en casa.
   — ¿Por qué no sales con tus amigos?
   — Los llamé, pero no está nadie en casa.
   — Ay, pobrecito.

Answers to Activity 6
Answers will vary.

1. Norma está cansada.
2. Guillermo está preocupado.
3. Laura está enferma.
4. Sara está triste.
5. Ricardo está contento.
6. Martín está aburrido.

Activity 9

1. No me gusta la playa. No sé nadar. Prefiero las montañas.
2. Jacobo, no encuentro la tarea que hice para la clase de matemáticas. ¡Qué desastre!
3. Estamos muy preocupados. No nos gusta viajar en avión.
4. La fiesta de Virginia es el veintidós de este mes.
5. Salgo para Chicago dentro de dos días y todavía hay un millón de detalles por resolver.
6. Me gusta mucho el nuevo restaurante chino. ¿Por qué no vamos allí esta noche? La comida es buenísima.
7. Aquí los discos compactos son muy caros.
8. Mamá, estoy aburrido, ya terminé la tarea de mañana.

Answers to Activity 9
1. ilógico
2. lógico
3. ilógico
4. ilógico
5. ilógico
6. lógico
7. lógico
8. ilógico

SEGUNDO PASO

Activity 13

1. — ¿Ya hiciste el pastel?
   — Hice el pastel ayer.
2. — ¿Ya mandaste las invitaciones?
   — Mandé las invitaciones la semana pasada.
3. — ¿Ya llamaste a los padres de Maribel?
   — Llamé a los padres de Maribel ayer.
4. — ¿Ya limpiaste la sala?
   — Pienso limpiar la sala mañana.
5. — ¿Ya compraste las bebidas?
   — Compré las bebidas anoche.
6. — ¿Ya hablaste con la abuela de Maribel?
   — Hablé con ella esta tarde.
7. — ¿Ya compraste el regalo?
   — Voy a la tienda hoy por la tarde.
8. — ¿Y la música? ¿Llevaste la música a la casa de Rafael?
   — Ya te lo dije, el martes llevé la música a la casa de Rafael.

Answers to Activity 13
1. sí / ayer
2. sí / la semana pasada
3. sí / ayer
4. no / mañana
5. sí / anoche
6. sí / esta tarde
7. no / hoy por la tarde
8. sí / el martes

Activity 21

1. —Maribel, no entiendo la tarea de inglés.
   —Es muy fácil.
   —Por favor, ¿me ayudas?
2. —Oye, Maribel, ven acá un momento. ¿Quieres ayudarme?
   —¿Qué pasa, mamá?
   —Vete al supermercado a comprar leche para el desayuno.
3. —Robertín, ¿necesitas ayuda con la tarea?
   —No, mamá, ya me ayudó Maribel.
4. —Robertín, ayúdame a poner la mesa.
   —Ahora voy.
5. —Hola, ¿qué haces?
   —Estoy buscando mi pasaporte.
   —¿Te ayudo?
6. —El avión sale dentro de dos horas y todavía tengo que hacer la maleta. ¡Ayúdame, por favor!
   —Cálmate, hija. No te preocupes.

Answers to Activity 21
1. asking for help
2. asking for help
3. offering help
4. asking for help
5. offering help
6. asking for help

TERCER PASO

Activity 25

Bueno, clase, vamos a ver muchas zonas de España. Primero vamos al País Vasco. En el País Vasco hay muchos pueblos bonitos. Vamos a conocer dos—Bilbao y San Sebastián. Después del País Vasco vamos a Galicia a la antigua ciudad de Santiago de Compostela. Santiago de Compostela está cerca de Portugal y tiene una catedral muy famosa. El día seis vamos a Salamanca. En Salamanca hay una universidad muy antigua—la más antigua de España. Después de Salamanca vamos a Sevilla. Sevilla es una ciudad andaluza. Está en el sur de España. Luego vamos a pasar unos días en la playa de Valencia. Valencia es una de las ciudades más grandes de España. Valencia no está lejos del mar. La última ciudad que vamos a visitar es Madrid, la capital de España. Es una ciudad muy grande y de mucho interés cultural.

Answers to Activity 25
1. b   2. e   3. d   4. a   5. c, f   6. f

REPASO

Activity 1

— Estoy aburrido. ¿Cuándo llegamos?
— No sé. ¿Por qué no lees una revista?
— No quiero.
— ¿Ya llenaste la tarjeta de embarque?
— No, todavía no. Es muy complicada. ¿Me puedes ayudar?
— Sí, claro, pero necesito tu pasaporte.
— Ah, mira, ya veo la ciudad.
— ¡Qué grande es!
— Sí, es muy grande. Y mira, hay muchos parques.

Answers to Repaso Activity 1
en un avión

Additional Listening Activity 2-1 p. 15

1. CARLOS   Yolanda, ¿qué tienes?
    YOLANDA   Ay, Carlos, es el examen que tenemos mañana en la clase de inglés. No sé qué hacer. Estudio mucho, pero siempre saco malas notas. ¡Y el examen va a ser horrible!
2. ALMA   Carlos, ¿adónde vas con tanta prisa?
    CARLOS   Perdón, Alma. No te vi.
    ALMA   Te ves muy apurado. ¿Pasa algo malo?
    CARLOS   No. La próxima semana voy de viaje a los Estados Unidos y tengo muchas cosas que hacer.
3. MAMÁ   Yolanda, ven un momento, por favor.
    YOLANDA   ¿Qué hay, mamá?
    MAMÁ   ¿Ya viste la cocina? Los platos están sin lavar, hay que sacar la basura y el piso está sucio. Ya sabes que hoy te tocaba hacer todo eso.
    YOLANDA   Pero mamá, es que...
    MAMÁ   Nada. Ponte a limpiar todo esto ahora mismo y que no vuelva a pasar otra vez. ¿De acuerdo?
    YOLANDA   Sí, mamá.
4. ALMA   Enrique, te ves triste. ¿Qué pasa?
    CARLOS   Mi novia está enojada conmigo porque no la llamé ayer por teléfono. Además, dice que no quiere salir conmigo esta noche.
    ALMA   ¿Por qué no le llamas y le pides que te perdone?
    CARLOS   No sé qué decirle. Sólo sé que me siento mal.

Additional Listening Activity 2-2 p. 15

1. CARMEN   Mamá, ¿qué te parece esta falda negra? Es bonita, ¿no?
    MRS. PÉREZ   Pero hija, es muy corta. Me gusta más la azul. ¿Por qué no compras ésa? Es más formal, y la puedes llevar al colegio.
    CARMEN   De acuerdo, mamá. La voy a comprar.
2. NACHO   Mamá, estoy cansado. Quiero volver a casa ya.
    MRS. PÉREZ   Aguanta un poco más, Nacho. Necesito ir a la panadería y a la frutería.
    NACHO   Pero mamá, tengo hambre. Quiero volver a casa.
    MRS. PÉREZ   Tengo una idea. ¿Qué tal si vamos a la pastelería? ¿Te gustaría comer un pastel?
    NACHO   Buena idea, mamá. Vamos.
3. MARIA   Mamá, el cumpleaños de abuela es la semana que viene y no sé qué regalarle. ¿Qué me recomiendas?
    MRS. PÉREZ   ¿Por qué no le regalas un libro?
    MARIA   Pero es que siempre le regalamos libros. Este año quiero encontrarle algo más original.

Adiitional Listening Activity 2-3, p. 16

1. JORGE   Ramón, ¿estás listo para ir al día de campo hoy?
    RAMÓN   ¿De qué hablas, Jorge? El día de campo fue la semana pasada y nosotros ya fuimos.
    JORGE   ¡Ohh, nooo!
2. ANA   Apúrate a hacer la maleta, Julia. El tren sale en dos horas.
    JULIA   ¿Maleta? ¿Qué maleta?
    ANA   Ay, Julia, nunca vas a cambiar. Hoy salimos de viaje a Huelva.
3. RAMÓN   Blanca, ¿dónde está la aspiradora? Tengo que limpiar la sala antes de salir con mis amigos.
    BLANCA   Ay, ¡qué afortunado eres, Ramón! Yo ya pasé la aspiradora ayer y no te diste cuenta.
4. MAMÁ   Roberto, ¿fuiste al supermercado?
    ROBERTO   Sí, mamá.
    MAMÁ   A ver... lechuga... leche... ¿y el jugo de piña? ¿Lo compraste?
    ROBERTO   Claro, ya está en el refrigerador.

Additional Listening Activity 2-4 p. 16

1. RAFAEL   ¿Puedo ayudar?
    CHEMA   ¡Claro que sí, Rafael! Hay que limpiar el baño.
    RAFAEL   Muy bien.
2. FELIPE   ¿Qué quieres que haga yo, Chema?
    CHEMA   Tenemos que barrer el patio. ¿Quieres hacerlo, Felipe?
    FELIPE   De inmediato.
3. CHEMA   Y tú, Irene, ¿puedes ayudarme a tirar la basura?
    IRENA   No, mejor te ayudo a recoger los discos compactos.
4. LAURA   Chema, si quieres yo te ayudo a tirar la basura.
    CHEMA   Muchas gracias, Laura.

Additional Listening Activity 2-5 p. 17

JORGE   Hola. Me llamo Jorge. Vivo en una ciudad muy linda. Hay muchos edificios históricos en el centro, como el Capitolio. Los turistas vienen a ver los museos y la Casa Blanca. Aquí viven muchos salvadoreños. Me gusta vivir aquí.

VERÓNICA   Hola. Mi nombre es Verónica. La ciudad donde vivo está muy cerca de la playa. Hay muchos hoteles grandes y elegantes. Aquí hace mucho calor en el verano y llueve bastante. Como muchas otras personas de mi ciudad, yo soy de origen cubano.

RICARDO   Hola. Soy Ricardo. Mi ciudad fue parte de México y tiene muchos edificios históricos, como las misiones españolas. El río pasa por el centro de la ciudad. En el verano siempre hace mucho calor.

LUZ   Hola. Mi nombre es Luz y vivo en una ciudad muy grande, cerca del océano Pacífico. Muchos actores famosos viven aquí. Hace calor en el verano y a veces hace mucho viento. En mi ciudad hay muchas personas que hablan español. La mayoría son de origen mexicano.

TERESA   Hola. Me llamo Teresa y me gusta la ciudad donde vivo porque es muy linda. Está lejos del mar pero muy cerca de las montañas. En el invierno, nieva mucho y hace mucho frío. Siempre vamos a esquiar.

Additional Listening Activity 2-6 p. 17

RICARDO   ¿Dónde está mi paraguas? Creo que dejé las botas y el impermeable en la sala.

ARBOLITA   A ver... ¿qué me pongo? ¿Pantalones cortos? No, mejor la minifalda, esta camiseta blanca y las sandalias. ¡Ya está!

ANTONIO   Vamos a ver, necesito mis pantalones de lana, la chaqueta y mis guantes... ¿Dónde están mis guantes?

SEBASTIÁN   Voy a ponerme el bañador para meterme en la piscina. También necesito mis sandalias.

ÁNGELA   Este vestido de algodón me gusta, pero voy a andar por las calles y necesito algo que no se levante con el viento. Tal vez ese traje de lana.

MARTA   Brrrr, ¡qué frío! Necesito dos pares de calcetines y esas botas tan calientitas que me regaló mi tía en Navidad. También necesito dos pares de guantes, una gorra y una bufanda.

Answers to Additional Listening Activities

Additional Listening Activity 2-1, p. 15

1. a
2. a
3. a
4. b

Additional Listening Activity 2-2, p. 15

	Sí		No
1.	X	comprar una falda azul	
2.	X	ir a la pastelería	
3.		regalar un libro a la abuela	X

Additional Listening Activity 2-3, p. 16

todavía no		ya
	ir de día al campo	x
x	hacer la maleta	
	pasar la aspiradora	x
	comprar el jugo	x

Additional Listening Activity 2-4, p. 16

_b_ Rafael
_c_ Felipe
_e_ Irene
_a_ Laura

Additional Listening Activity 2-5, p. 17

_b_ Jorge
_c_ Verónica
_d_ Ricardo
_e_ Luz
_f_ Teresa

Additional Listening Activity 2-6, p. 17

_d_ Ricardo
_f_ Arbolita
_c_ Antonio
_b_ Sebastián
_e_ Ángela
_a_ Marta

PRIMER PASO

Activity 7

1. Sí, sí, ahorita voy. Tengo que secarme el pelo.
2. Todos los días me miro en el espejo y me afeito.
3. Tranquilo, no te muevas. No te puedo maquillar si te estás moviendo.
4. ¡Uf!, está muy sucio. ¿Qué tal si bañamos a Gordito esta tarde?
5. Mira. Lola es muy inteligente. Se baña a sí misma.
6. Todos los martes afeito a Nieves.

Answers to Activity 7
1. b
2. c
3. a
4. f
5. e
6. h

SEGUNDO PASO

Activity 15

MAMÁ	Bueno, ¿a quién le toca lavar los platos?
ANDRÉS	A Liliana.
LILIANA	No, a mí no me toca. Te toca a ti, Andrés.
ANDRÉS	¿Cómo que a mí? Yo lavé los platos el domingo pasado.
LILIANA	No, mamá. Fui yo. Le toca a Andrés.
MAMÁ	Bueno, ya, por favor. Basta de discutir... A ver, ¿quién va a recoger la mesa?
LILIANA	Yo.
MAMÁ	Bueno, Andrés, entonces te toca a ti lavar los platos.

Answers to Activity 15
Le toca a Andrés porque Liliana va a recoger la mesa.

Activity 19

ANA MARÍA	Hola, papá, ¿te puedo ayudar?
PAPA	Sí, gracias, Ana María. ¿Me puedes barrer el piso?
ANA MARÍA	Sí, claro.
PAPÁ	Ernesto, ¿puedes tú sacar la basura?
ERNESTO	Ay, siempre me toca a mí. Qué pesado.
PAPÁ	Beatriz, ¿puedes poner la mesa?
BEATRIZ	Ay, papi, estoy harta de poner la mesa. ¿Por qué no lo hace otra persona?
PAPÁ	Victor, tienes que ordenar tu cuarto y tender la cama.
VÍCTOR	Está bien, pero no es justo. Sólo porque viene gente tengo que limpiar mi cuarto.

Answers to Activity 19
1. no
2. sí
3. sí
4. sí

LISTENING ACTIVITIES · SCRIPTS & ANSWERS

TERCER PASO

Activity 25

NARRADOR Muy buenos días, señorita Quintero, y gracias por la entrevista.
LIDIA Buenos días, y gracias a usted.
NARRADOR Díganos, Lidia, ¿qué hace usted en sus ratos libres?
LIDIA ¿Ratos libres? Pues..., la verdad es que no tengo muchos ratos libres. Estoy muy ocupada con mi trabajo. ¡Es tan difícil ser famosa!
NARRADOR Pero, señorita Quintero, usted fue a la playa en Acapulco con su novio la semana pasada, ¿no?
LIDIA Sí, sí, tiene razón. Estoy loca por la playa. Me encanta tomar el sol y nadar.
NARRADOR Usted hace ejercicio para mantenerse en buena forma, ¿verdad?
LIDIA Cómo no. Hago ejercicio aeróbico todas las mañanas a las siete. También me gusta hacer yoga. Para mí, el ejercicio no es simplemente un pasatiempo—es una parte de mi trabajo.
NARRADOR ¿Pasa mucho tiempo con sus amigos?
LIDIA ¡Por supuesto! Me gusta salir con mis amigos los fines de semana. Con frecuencia, nosotros cenamos juntos y bailamos.
NARRADOR Usted tiene mucho talento musical, ¿verdad?
LIDIA Bueno, toco el piano y la guitarra. Trato de practicar todos los días.
NARRADOR Bueno, señorita Quintero, muchísimas gracias por su tiempo.
LIDIA De nada. Fue un placer hablar con usted.

Answers to Activity 25
1. c
2. b
3. a
4. a

REPASO

Activity 1

MÓNICA Buenos amigos, aquí estamos en la casa de Alejo Sobejano. ¿Cómo es realmente un día normal en tu vida?
ALEJO Pues, por la mañana me ducho y me lavo el pelo. Gasto horas en secarme el pelo, porque es muy largo. Por fin, me afeito y me cepillo el pelo.
MÓNICA ¿Y cuándo tocas?
ALEJO A las dos de la tarde, más o menos, voy al estudio donde toco la guitarra. A veces, toco y ensayo todo el día, hasta muy tarde.
MÓNICA ¿Es verdad que tienes un perro?
ALEJO Sí, claro, se llama Sargento y tiene el pelo largo como yo. Todos los días lo cepillo.
MÓNICA ¡Qué simpático! Bueno, Alejo, muchísimas gracias y suerte.
ALEJO El gusto fue mío.

Answers to Repaso Activity 1
1. (modelo) a—me ducho y me lavo el pelo
2. f—me seco el pelo
3. b—me afeito
4. d—me cepillo el pelo
5. c—voy al estudio, toco la guitarra
6. e—cepillo a Sargento

Scripts *for* Additional Listening Activities

Additional Listening Activity 3-1 p. 23

MERCEDES   ¡Qué barbaridad, tía Lola! Una maleta perdida.

TÍA LOLA   Sí, Mercedes, es terrible... pero ¿qué le vamos a hacer? Vamos al almacén. Necesitas comprar varias cosas, ¿verdad?

MERCEDES   Sí. Quiero una secadora de pelo. Siempre me seco el pelo en las mañanas.

TÍA LOLA   Pero, Mercedes... no tienes por qué comprarte una secadora. Yo tengo una secadora en casa y sólo la uso a veces.

MERCEDES   Gracias, tía. En ese caso, necesito champú y jabón.

TÍA LOLA   Nosotros tenemos en casa champú y jabón, Mercedes.

MERCEDES   Gracias tía, pero yo siempre uso un champú y un jabón especiales.

TÍA LOLA   Está bien, hija.

MERCEDES   También necesito un cepillo y pasta de dientes.

TÍA LOLA   Ay, Merceditas, tú sabes que nosotros tenemos pasta de dientes y no necesitas comprarla.

Additional Listening Activity 3-2 p. 23

ELENA   Hola, mi nombre es Elena. Llevo una vida normal, como cualquiera de mis amigas. Por lo general, me levanto todos los días a las siete de la mañana. Luego me ducho, me visto y desayuno bien. Después, voy a la escuela de las ocho y media a las dos de la tarde. Regreso a casa y siempre como con mi mamá y mi hermana Eva. ¡Los platillos de mamá son deliciosos! A veces, cuando tiene tiempo, mi papá también come con nosotras tres. La sobremesa es lo que más disfruto. Mamá, Eva y yo recogemos los platos y los lavamos perfectamente, y luego nos preparamos un té y charlamos hasta bien entrada la tarde. A veces veo la televisión con mi mamá antes de hacer mi tarea. A veces salgo con mis amigas a dar un paseo. A las ocho de la noche preparamos la cena y, cuando llega papá, nos sentamos juntos a ver la televisión. Nunca como mucho en la cena. Antes de acostarme siempre arreglo mis cosas de la escuela.

Additional Listening Activity 3-3 p. 24

DOÑA SERAFINA   Carmen, me parece que los chicos no hacen muchos quehaceres en casa. ¿Por qué no los pones a trabajar? Les hace bien.

CARMEN   Eso no es cierto, mamá. Ya trabajan mucho. A Verónica le toca lavar los platos todos los días. También pasa la aspiradora los fines de semana. ¿Cómo le voy a pedir que haga más?

DOÑA SERAFINA   ¿Y Juan Pablo? Parece que él vive para los videojuegos.

CARMEN   No es cierto. A él le toca sacar al perro y darle de comer. También le toca cortar el césped. Es cierto que pasa mucho tiempo con los videojuegos, pero trabaja también.

DOÑA SERAFINA   ¿Y qué me dices de Roberto? Lo quiero mucho, pero me da la impresión de que ve mucha televisión.

CARMEN   A Roberto le toca poner la mesa, ¿no te acuerdas? Y riega el jardín.

Additional Listening Activity 3-4 p. 24

RODRIGO Adela, Mamá dice que nuestro cuarto es un desastre. Dice que tenemos que limpiarlo ahora mismo. ¿Me ayudas a guardar los juguetes?

ADELA Ya sabes que no es justo, pero yo soy una hermana maravillosa. Tengo una hora antes de mi clase de baile. ¿Por dónde empezamos?

RODRIGO Adriana, tengo que trapear la cocina hoy. ¿Me ayudas?

ADRIANA Por supuesto que no. ¡Siempre me toca trapear a mí! Eso es muy pesado, hermanito.

RODRIGO Soledad, acabo de lavar la ropa y ahora tengo que plancharla. ¿Me ayudas?

SOLEDAD Yo ya lo hice mil veces y no quiero hacerlo más. ¡No es justo!

RODRIGO Chato, ¿me ayudas a limpiar el baño?

CHATO Pero Rodrigo, estoy harto de limpiar. Siempre me toca a mí limpiar el cuarto. ¿Por qué no le pides a Soledad que te ayude?

Additional Listening Activity 3-5 p. 25

1. MAMÁ Bernardo, ¿vas al garaje ahora?

BERNARDO Sí, mamá. Quiero ver si puedo arreglar la bicicleta esta tarde.

MAMÁ Está bien. Pero no te olvides de volver a las siete para cenar.

2. ÁNGELA Tomás, ¿por qué vas al correo?

TOMÁS Es que quiero comprar la nueva serie de estampillas. Son muy bonitas y tienen mis cantantes favoritos.

ÁNGELA Ya veo.

3. MAMÁ Ángela, por Dios. ¿Puedes dejar de tocar, por favor?

ANGELA Lo siento, mamá... pero necesito ensayar. Vamos a tocar en una fiesta este fin de semana, y quiero estar preparada.

4. ÁNGELA Oye, Yolanda, vamos a salir a comer, ¿quieres?

YOLANDA Gracias, pero esta tarde voy al parque. Mis padres me regalaron un monopatín y quiero practicar.

5. ÁNGELA Mercedes, pensamos ir al centro a mirar las vitrinas. ¿Por qué no vas con nosotras?

MERCEDES Claro que sí. Me encantaría.

ÁNGELA Muy bien. Entonces quedamos en reunirnos esta tarde a las seis. Pasamos por ti entonces.

6. BERNARDO Martín, esta semana dan **Les Misérables** en el teatro en el centro. ¿Te gustaría ir con nosotros?

MARTÍN Por supuesto. Hace mucho tiempo que quiero verlo.

BERNARDO Bueno, el estreno es el viernes a las ocho. Pasamos por ti a las siete.

Additional Listening Activity 3-6 p. 25

MARIANA Dolores, ¿cuánto tiempo hace que escribes poemas?

DOLORES Hace veinticinco años que escribo poesía. Empecé a los cinco años.

MARIANA Silvia, ¿cuánto tiempo hace que pintas?

SILVIA Hace treinta años que pinto. Empecé a los tres años cuando me sentí atraída por una pared blanca.

MARIANA Berta, ¿cuánto tiempo hace que usas la computadora?

BERTA Hace sólo dos años. Empecé a los veinticuatro años.

MARIANA Lourdes, ¿cuánto tiempo hace que juegas a las cartas?

LOURDES Hace un año. Empecé a los veinte.

MARIANA Señor Zamora, ¿le gustan las estampillas?

SR. ZAMORA Claro. Hace quince años que colecciono las estampillas. Mis padres me regalaron mi primera colección cuando tenía diecisiete años.

MARIANA Señor Sifuentes. Usted tiene una colección bien grande de monedas. ¿Cuánto tiempo hace que las colecciona?

SR. SIFUENTES Pues desde hace mucho. Comencé a los diez años. Ahora hace veintiún años que las colecciono.

Answers *to* Additional Listening Activities

Additional Listening Activity 3-1, p. 23

Sí necesita		No necesita
x	champú	
x	jabón	
x	cepillo	
	pasta de dientes	x
	secadora de pelo	x

Additional Listening Activity 3-2, p. 23

salir de paseo con amigas	a veces
levantarse a las 7:00	por lo general
ver la televisión con mamá	a veces
comer con mamá y hermana	siempre
arreglar las cosas de la escuela	siempre
lavar los platos	perfectamente
comer mucho en la cena	nunca

Additional Listening Activity 3-3, p. 24

	Roberto	Verónica	Juan Pablo
lavar los platos		x	
sacar al perro			x
regar el jardín	x		
pasar la aspiradora		x	
dar de comer al perro			x
cortar el césped			x
poner la mesa	x		

Additional Listening Activity 3-4, p. 24

sí	**a.** Adela	no	**c.** Soledad
no	**b.** Adriana	no	**d.** Chato

Additional Listening Activity 3-5, p. 25

Bernardo	arreglar la bicicleta	Yolanda	hacer monopatín
Tomás	coleccionar estampillas	Mercedes	mirar las vitrinas
Ángela	tocar con la banda	Martín	ir al teatro

Additional Listening Activity 3-6, p. 25

1. Dolores 30 años
2. Silvia 33 años
3. Berta 26 años
4. Lourdes 21 años
5. Sr. Zamora 32 años
6. Sr. Sifuentes 31 años

PRIMER PASO

Activity 7

1. — Enrique, ¿qué sabes de la capital de México?
   — El Distrito Federal es la ciudad más grande del mundo. En el Valle de México viven más de 26 millones de personas.
2. — ¿Sabes? Mañana voy a las pirámides de Teotihuacán.
   — ¡Qué padre! A mí me fascinan las pirámides. La arqueología es muy interesante.
3. — La vida en la capital es difícil, ¿no?
   — Sí un poco, pero en mi opinión, es mucho mejor vivir en una ciudad grande que en un pueblo pequeño porque hay muchas cosas que hacer.
4. — Oye, Sandra, ¿qué piensas de la profesora Roque?
   — Para mí, la profesora Roque es maravillosa. Enseña muy bien.
5. — ¿Tienes una clase de inglés?
   — Sí, hombre, y me parece muy difícil. Creo que la profesora es muy exigente.
6. — ¿Quién es ese señor que está allí, enfrente del colegio?
   — Es don Martín, un profesor del colegio. Hace muchos años que enseña aquí.
7. — ¿Qué línea del metro necesitamos tomar?
   — Necesitamos tomar la línea cuatro.

Answers to Activity 7
1. hecho   2. opinión   3. opinión   4. opinión   5. opinión   6. hecho   7. hecho

Activity 11

1. No entiendo a la profesora.
2. No sé si tenemos que escribir frases completas o sólo los verbos.
3. Cuando el profesor de inglés habla, yo siempre estoy pensando en el almuerzo. Nunca entiendo nada.
4. Tengo un examen mañana en la clase de geografía. ¿Qué hago?
5. Creo que el profesor de matemáticas está enojado conmigo porque llegué tarde.
6. Creo que voy a suspender la clase de historia porque no me gusta hacer preguntas.
7. No sé las fórmulas en la clase de álgebra.
8. Quiero sacar buenas notas.

Answers to Activity 11
1. a   2. b   3. b   4. a   5. a   6. a   7. b   8. a

SEGUNDO PASO

Activity 23

— Oigan, ¿quién creen que va a ganar, María o Sonia?
— Bueno, Sonia es mayor; tiene más experiencia.
— Sí, pero Sonia es menos alta que María.
— Sonia es más delgada. Y me parece que corre más rápido.
— No, tienen el mismo peso. Además, María es más joven, más entusiasta y tiene más energía.
— Chtt. Va a empezar la carrera.

Answers to Activity 23
a. Sonia   c. María

TERCER PASO

Activity 29

1. — Guillermo, ¿qué te pasa? Pareces estar preocupado...
   — Bueno, es que mañana es el cumpleaños de mi novia. Quiero regalarle algo especial, pero no sé qué...

— Pues, si quieres, voy contigo al centro comercial después de las clases. Podemos buscar algo bueno en las vitrinas...
— De acuerdo. Nos vemos después de clases.
2. — ¿Por qué no vamos al cine?
— Lo siento pero no tengo mucho tiempo; quedé en reunirme con un grupo de amigos.
— ¿Ah, sí? ¿Con quiénes?
— Somos dos muchachos y cuatro muchachas.
— ¿Y por qué tantos?
— Es que vamos juntos al parque de diversiones porque entre semana dan descuentos para grupos de cuatro o más.
3. — Isa, vamos a estudiar esta tarde en casa de Ernesto.
— Muy bien. ¿Tomamos el metro?
— Pues, yo prefiero caminar. Necesito hacer un poco de ejercicio...
— Pero la casa de Ernesto está lejos. Es mejor tomar el metro. Así tenemos más tiempo para estudiar.
— Bueno, está bien. La estación queda cerca de aquí, debajo de la plaza. Podemos tomar la escalera eléctrica.
4. — Pablo, quedamos en ver la nueva película de aventuras esta tarde, ¿verdad?
— Ay, hombre... no sé. Los sábados siempre hay mucha gente. No me gusta hacer cola. ¿Qué tal si vamos otro día?
— Anímate, Pablo, no seas pesado. Es una película excelente, y la cola no va a ser tan larga. Vamos...
— De acuerdo.
— Entonces: esta tarde a las cuatro.
— Sí. Está bien.

Answers to Activity 29
1. b   2. a   3. c   4. d

REPASO

Activity 2

— Buenos días, John. Pasa. Siéntate, por favor.
— Muchas gracias. Buenos días, Sra. Sarmiento.
— Quiero platicar contigo sobre tus clases, John, y otras actividades aquí en el Colegio Gabriela Mistral. ¿Qué te parecen tus clases y cómo te va?
— Bueno, me parecen excelentes. Los profesores son más exigentes aquí que en los Estados Unidos.
— Veo que tus notas no son muy buenas. ¿Por qué?
— Pues, las clases aquí son más difíciles que en mi escuela en los Estados Unidos. Todavía no hablo el español muy bien, y todo el mundo habla muy rápido. Pero mis profesores son muy pacientes.
— ¿Aprobaste todos los exámenes?
— Pues... casi todos. Aprobé los de álgebra y de geografía, pero suspendí el de literatura. Es que para mí es difícil leer tantos libros en español.
— Sí, John, es muy difícil. Necesitas prestar mucha atención en la clase de literatura y hacer la tarea con mucho cuidado. La profesora Ortega es exigente, pero es una profesora excelente.
— Sí, yo sé.
— Y ya conoces a muchos alumnos?
— Sí, ya conozco a casi todos mis compañeros de clase. Me parecen muy amables y me caen muy bien. Son muy divertidos, pero muy aplicados también. Siempre lo pasamos bien.
— Bueno, John. Veo que todo va bastante bien. Gracias por venir. ¿Tienes algunas preguntas?
— No, señora. Muchas gracias. Adiós.

Answers to Activity 2
1. Cierta
2. Falsa. Según John, las clases son más difíciles que en su escuela en los Estados Unidos.
3. Falsa. John suspendió el examen de literatura.
4. Cierta
5. Cierta
6. Falsa. John conoce a casi todos sus compañeros de clase.
7. Cierta

Scripts for Additional Listening Activities

Additional Listening Activity 4-1 p. 31

JUANA   Bueno Roberto, dime, ¿qué te parecen los profesores?
ROBERTO   Pues, aquí los profesores son muy inteligentes. Son muy exigentes también y hay que estudiar mucho para sacar buenas notas. De todas maneras me gustan mucho mis clases.
JUANA   Y Carlos, ¿qué tal tu clase de historia?
CARLOS   Quiero decirles que hay una chica en mi clase de historia que se llama Victoria. Es fantástica, creo yo. Me parece que es muy inteligente. Es muy guapa también, en mi opinión. Para mí, no hay otra chica.
JUANA   Miguel, tú tienes la misma clase de historia, ¿no? ¿A ti qué te parece?
MIGUEL   Es muy difícil sacar una A en esa clase. No hay sino fechas y hechos. Hay que memorizar todo. Y yo nunca me acuerdo de los eventos del pasado. Pero lo bueno es que el profesor es muy buena gente.
JUANA   Sandra, ¿cuál es tu clase favorita?
SANDRA   No hay clase más importante que el francés, creo yo. Me parece que el francés es un idioma muy importante y todos los que hablan español deben estudiar francés. ¿Qué te parece a ti?
JUANA   Y María, ¿cuántas horas estudias cada día? ¿En tu opinión es importante estudiar mucho?
MARÍA   Para mí, no es importante estudiar mucho para sacar buenas notas. Creo que es mejor sólo tomar apuntes en clase. En mi opinión, los estudiantes que estudian mucho no sacan siempre buenas notas. Me parece que si estudio de vez en cuando, no voy a suspender la clase.

Additional Listening Activity 4-2 p. 31

1.   HIPÓLITO   Sr. Cárdenas. Estoy completamente abrumado. Tengo muchos problemas con el profesor Dávila. No sé por qué. ¿Qué debo hacer?
SR. CÁRDENAS   Mira Hipólito, hablé con el profesor Dávila. Está muy decepcionado por varias razones. Dice que llegas tarde a clase. Hipólito, es muy importante llegar a clase a tiempo. Llegar tarde siempre interrumpe la clase y eso no le gusta al profesor. Tiene que comenzar de nuevo.
2. SR. CÁRDENAS   También me dijo que eres distraído en clase. Es muy importante prestar atención. El profesor no les habla por nada. Tiene algo que decirles. No duermas en clase. Si estás cansado, debes acostarte más temprano.
3. SR. CÁRDENAS   Y si no entiendes lo que te dice el profesor, deberías avisarle. Siempre hay estudiantes que no comprenden bien. Alguien tiene que hacerle una pregunta al profesor. Si estás confundido, hay que hacer más preguntas. No hay que tener miedo.
4. SR. CÁRDENAS   E Hipólito, tienes que portarte mejor. Es necesario respetar al profesor. No debes gastar el tiempo dibujando en la pizarra, y por supuesto no debes dibujar caricaturas del profesor. Eso le muestra falta de respeto.
5. SR. CÁRDENAS   Y por fin Hipólito. ¡Estudia! Tu profesor me dijo que no aprobaste el último examen y está muy preocupado por ti. Si no quieres suspender la clase, tienes que aplicarte más. Debes ir a la biblioteca y repasar todas las lecciones antes del examen.

Additional Listening Activity 4-3 p. 32

SR. LUGONES   ¿Cómo son tus estudiantes este semestre, Herminia? Este semestre tengo a Paco. Es muy aplicado, pero esta semana no entregó su tarea. No sé qué le pasa.
SRA. VALDEZ   ¡Qué raro! Normalmente es muy aplicado y entusiasta. Bueno, no hay que preocuparse. Este semestre tengo a su hermana Anita. Es menos responsable que su hermano. Ella nunca entrega la tarea y ahora es peor que nunca. Debo ser más estricta con ella.
SR. LUGONES   También tengo que ser más exigente con Juan Carlos. Es un nuevo alumno en mi clase de arte. Él es más creativo que los otros alumnos pero un poco distraído. ¿Y qué tal Josefina? Tengo entendido que está en tu clase este semestre.
SRA. VALDEZ   Ah, sí Josefina. Estos días no sé qué le pasa. Está muy distraída. De todas maneras es un placer tenerla en clase. Espero que no tenga un problema con sus estudios. Y ¿qué tal Carlota? Ella estuvo en mi clase el año pasado y ahora está en tu clase. ¿Cómo le va?
SR. LUGONES   Le va mejor que a Josefina. Parece estar muy contenta con la clase. Y dime. ¿Adrián está en tu clase también?
SRA. VALDEZ   Sí, pero me parece que tiene un problema. Parece estar muy triste. Creo que no lo escogieron para el equipo de fútbol este año y se siente muy torpe.

Additional Listening Activity 4-4 p. 32

MIGUEL	¿Quién crees que va a ganar la competencia de música?
ESTRELLA	No sé. Creo que Adriana la va a ganar. Toca muy bien el piano y también canta en el coro. Es muy creativa con la música.
MIGUEL	Sí, es cierto. Pero creo que Ignacio es más creativo que ella. No sólo toca el piano y canta sino también interpreta en todos los conciertos. Y además ya ganó tres premios de música este año.
ROSA	No, ustedes dos están equivocados. Yo creo que Martín va a ganar. Yo lo conozco muy bien y creo que es mejor que Adriana e Ignacio. En mi opinión es el mejor músico de la escuela.
ESTRELLA	Bueno, pues. ¿Quién va a ganar el premio académico? David es muy inteligente. Es muy aplicado y nunca falta a sus clases. Saca muy buenas notas y es muy buena gente. Espero que él gane.
REYNALDO	Sí, pero Adela es más aplicada que David. Nunca falta a sus clases tampoco y siempre saca las mejores notas de la escuela. También es miembro de varias organizaciones académicas y ya ganó tres campeonatos académicos.
MIGUEL	No estoy de acuerdo. En mi opinión, Graciela es más inteligente que David y Adela. Es buena estudiante y muy buena gente, creo. Me parece que ella va a ganar.
MIGUEL	Pues... ¿qué tal los deportes? ¿Quién es el mejor deportista? A mí me parece que Lola va a ganar. Es mi amiga y me parece que es mejor que todos los otros participantes. ¿A ustedes qué les parece?
ESTRELLA	Sí, pero Lola es muy distraída. Jaime es menos distraído que Lola. Siempre juega en todas las competencias. Cuando hay partidos, llega a tiempo. Y ya ganó dos campeonatos este año y es muy aplicado. A los jueces les gusta eso.
REYNALDO	¿Crees? No, Miguel es mejor que Jaime. Es buen jugador de fútbol. También es miembro de dos equipos de deportes en la escuela. Y además, es mayor que Jaime. Jaime está en su primer año. Miguel va a graduarse este año.

Additional Listening Activity 4-5 p. 33

TERESA	Cristina, ¿quieres venir conmigo esta tarde a comprar ropa?
CRISTINA	Me encantaría, pero no puedo. Tengo una cita con el dentista.
TERESA	Hernán, pienso ir a comprar ropa esta tarde. ¿Quieres venir conmigo?
HERNÁN	Lo siento, Tere, pero no puedo. Raúl y yo vamos a ver una película en la casa.
TERESA	Jorge, ¿quieres venir conmigo a compra ropa?
JORGE	Hoy no puedo, Teresa. Rosa y yo vamos al café para platicar un poco. Hace mucho tiempo que no la veo. Mejor otro día.
TERESA	Severina, ¿me acompañas a comprar ropa esta tarde?
SEVERINA	Lo siento, Tere, pero Jorge y yo vamos a ir al cine. Mejor otro día.
TERESA	Oye Juan, esta tarde voy al centro a comprar ropa. ¿Por qué no vienes conmigo?
JUAN	¡Qué lástima, Tere! No puedo ir porque voy con Hernán y Raúl a ver una película.
TERESA	Meche, ¿verdad que a ti te encanta comprar ropa?
MECHE	Por supuesto, Tere. Es más, esta tarde pienso ir de compras. ¿Quieres venir?
TERESA	Me encantaría.
MECHE	De acuerdo, paso por ti a las tres.

Additional Listening Activity 4-6 p. 33

1.	CLAUDIA	Hola, Ricardo, ¿qué tal? ¿No quieres venir conmigo al centro a mirar las vitrinas?
	RICARDO	Gracias, me encantaría, pero fui a mirarlas ayer. Quizá otro día.
2.	VICTOR	Ana, ¿cuál sería la mejor manera de llegar al cine del centro?
	ANA	Debes tomar el metro.
	VICTOR	¿El metro? No lo conozco. ¿Adónde tengo que ir a buscarlo?
3.	MARÍA	Después de clases hoy tengo que ir a la librería. ¿Puedes venir conmigo?
	JABI	Claro, María. Te puedo acompañar. Paso por ti a las cinco.
4.	BETO	Claudia, pienso ir al centro comercial esta tarde. ¿Te gustaría venir conmigo?
	CLAUDIA	Sí, me encantaría. ¿A qué hora pensabas ir?
	BETO	A las tres. Si quieres, paso por ti a las dos y media.
	CLAUDIA	Mejor a las tres. ¿De acuerdo?
5.	VICTOR	Oye Miguel, ¿me puedes acompañar al teatro este sábado?
	MIGUEL	Ay, no quiero. La nueva película es tan popular y tú sabes que a mí no me gusta para nada hacer cola.
6.	JABI	Marco, tengo una cita con el dentista esta tarde, pero estoy un poco nervioso porque no lo conozco. Se llama Alfredo Dolores.
	MARCO	No te preocupes, Jabi. Yo sí lo conozco. Es muy bueno.
7.	VICTOR	Beto, nos vamos a reunir con unos amigos esta tarde a las siete. ¿Quieres venir?
	BETO	Claro, Víctor. ¿Quiénes van a ir?
	VICTOR	Bueno, Carlos y Ariel y yo.
	BETO	Muy bien, entonces quedamos en vernos el sábado a las siete.

Answers to Additional Listening Activities

Additional Listening Activity 4-1, p. 31

	Sí		No
a.	X	Roberto	
b.		Carlos	X
c.	X	Miguel	
d.		Sandra	X
e.		María	X

Additional Listening Activity 4-2, p. 31

1. e   4. a
2. b   5. f
3. c

Additional Listening Activity 4-3, p. 32

cómo es		cómo está
✔	Paco	
✔	Anita	
✔	Juan Carlos	
	Josefina	✔
	Carlota	✔
	Adrián	✔

Additional Listening Activity 4-4, p. 32

Música		Lo académico		Deportes	
Ignacio	✔	Graciela		Lola	
Adriana		Adela	✔	Jaime	✔
Martín		David		Miguel	

Additional Listening Activity 4-5, p. 33

	cine	dentista	video	café	tienda de ropa
Cristina		X			
Hernán			X		
Jorge				X	
Severina	X				
Juan			X		
Meche					X

Additional Listening Activity 4-6, p. 33

1. m   5. l
2. g   6. f
3. j   7. a
4. c

PRIMER PASO

Activity 7

ELENA Me llamo Elena. Todos los días me levanto a las seis de la mañana para caminar con el perro. Nunca desayuno porque soy una persona muy ocupada.

LAURA Hola, me llamo Laura. Duermo ocho horas cada noche. Desayuno cereal con leche, jugo de naranja y pan tostado. Después de clases remo por una hora.

ARTURO Me llamo Arturo. Me encanta jugar al fútbol. También me gusta ir a los estadios para ver los partidos.

TOMAS Me llamo Tomás. Por lo general, como pizza en el desayuno. Después de clases, miro la televisión. Siempre me acuesto a las doce de la noche y me levanto a las cinco de la mañana.

Answers to Activity 7
Laura es la más sana. Tomás es el menos sano.

SEGUNDO PASO

Activity 19

NARRATOR Uno.

PATIENT Doctor, es muy difícil subir las escaleras.

NARRATOR Dos.

PATIENT Doctor, quiero bajar de peso y no sé qué hacer.

NARRATOR Tres.

PATIENT Doctor, no puedo respirar muy bien.

NARRATOR Cuatro.

PATIENT ¿Qué puedo hacer para bajar el colesterol?

NARRATOR Cinco.

PATIENT Doctor, tengo mucho estrés. ¿Qué me recomienda?

Answers to Activity 19
Answers may vary.
1. d
2. b
3. c
4. e
5. a

TERCER PASO

Activity 28

1. Hola, Carolina. Soy Rogelio. No sabes cuánto lo siento por no poder asistir a tu competencia. Es que dormí la siesta durante toda la tarde.
2. ¿Qué tal, Carolina? Soy Mauricio. ¿Ganaste? Espero que sí. Siento mucho no poder estar allí contigo, pero ¿puedes creer que trabajé hasta las nueve de la noche? ¡Ay, qué exigente es mi jefe!
3. Hola, Carolina. Soy Teresa. Oye, no puedes creer lo que le pasó a mi perro Suki. Abrió el refrigerador y empezó a jugar con la salsa cátsup, la mostaza y el chocolate. Debes verlo. ¡Resultó un perro increíblemente sucio!

4. Carolina, soy Ángela. ¡No sabes lo triste que estoy! Mamá no me permitió asistir a tu competencia. Linpié la cocina y los baños y después ordené mi cuarto. Llámame con los resultados, por favor.

5. Hola, Carolina. Te llama Álvaro. Lo siento mucho, pues no pude ir a tu competencia pero sabes que tengo un examen horrible de química mañana y voy a estudiar toda la noche. Seguro que ganaste, ¿verdad?

6. ¿Qué tal, Carolina? Soy Éric. Te llamo para decirte que siento mucho no asistir a tu competencia. Es que llegaron mis abuelos y mamá no me dio permiso para salir. Llámame, por favor. Quiero saber cómo te fue.

Answers to Activity 28
1. Ángela
2. Álvaro
3. Éric
4. Teresa
5. Mauricio
6. no example for this one
7. Rogelio

REPASO

Activity 1

¿Te gustan los deportes? ¿Prefieres pasar tus ratos libres en medio de la naturaleza? Ven a nuestro club para practicar el senderismo o si eres aún más aventurero puedes aprender a escalar montañas. Escoge una de las muchas actividades que ofrecemos y si no tienes el equipo necesario, nosotros tenemos un servicio de préstamo. Así no tienes excusas. Escapa de tu vida monótona y disfruta de la naturaleza con nosotros.

Answer to Repaso Activity 1
b

Scripts *for* Additional Listening Activities

Additional Listening Activity 5-1 p. 39

JAN	¿Qué hicieron todos este fin de semana? ¿Lo pasaron bien? ¿Tú Marisa? ¿Lo pasaste bien?
MARISA	Yo sí. Fui al cine con mi familia. Vimos una película fantástica. Me gustó mucho. Luego pasé un rato en un café con mis amigos. Pero, ¡qué postre! Estuvo bueno, pero ¡cómo aumenté de peso! ¿Y tú, Diego? ¿Qué hiciste?
DIEGO	Bueno, el viernes por la tarde fui al gimnasio. Levanté pesas por una hora y pasé otra hora sudando. El sábado me levanté muy temprano y fui al parque a correr. El sábado por la noche fui al cine con Marta. Lo pasamos muy bien. Como regresé a casa muy tarde, el domingo dormí hasta el mediodía. Sabes, siempre duermo ocho horas por lo menos. Marta, ¿qué hiciste tú el domingo?
MARTA	No hice mucho. Yo también dormí hasta tarde. Luego fui al parque a correr un poco. Y, ¿sabes? Lo bueno es que bajé de peso. Creo que voy a correr todos los domingos. ¿Qué tal tú, Jan?
JAN	Me parece que ustedes pasaron un fin de semana más divertido que el mío. Yo no hice absolutamente nada. Pasé todo el día leyendo y mirando la televisión. Me acosté tarde el sábado y el domingo me levanté temprano para ir a misa. Ahora estoy muy cansada.

Additional Listening Activity 5-2 p. 39

SARA	Siempre me acuesto muy tarde, a la una, o a las dos. Es que tengo que estudiar mucho. Me levanto a las cinco porque tengo clase a las siete. Muchas veces no desayuno porque quiero llegar temprano a la escuela. Me gusta mucho platicar con mis amigos.
OLIVIA	Es preciso hacer ejercicio todos los días. Yo hago veinticinco abdominales tres veces por semana. También sigo una dieta balanceada. Siempre como muchas verduras. Y tomo mucha agua porque sudo mucho en el gimnasio.
MERCEDES	Esta tarde me inscribí en un gimnasio. Es muy importante hacer ejercicio todos los días, y quiero comenzar hoy. La primera parte de mi programa será moverme y saltar a la cuerda. Después de unos meses voy a estar en plena forma.
LLUVIA	Para estar en plena forma, practico las artes marciales todos los miércoles, levanto pesas todos los fines de semana y siempre duermo por lo menos ocho horas.

Additional Listening Activity 5-3 p. 40

1.	HIPÓLITO	Creo que he aumentado de peso y mi nivel de colesterol está muy alto.
	SR. TORRES	Para evitar el colesterol, Hipólito, no comas mucho queso, carne ni huevos.
2.	HIPÓLITO	Sí, hombre, ya lo sé.
	SR. TORRES	Y lo bueno es que así puedo bajar de peso también. Eso también es importante.
3.	ABEL	Mi problema es que siempre estoy cansado y no sé por qué. Duermo siete horas al día.
	MANUEL	Mira, Abel, deja de fumar. Y duerme más. Tal vez dormir siete horas al día no sea lo suficiente para ti.
4.	SRA. ACOSTA	Tengo tantos problemas en el trabajo. El estrés es terrible y estoy formando malos hábitos de comer dulces y tomar mucho café.
	SR. TORRES	Mira, Leticia, relájate, relájate. Tres veces al día respira profundamente por un minuto. Y no tomes las cosas tan en serio.
5.	NÉSTOR	Tengo una competencia muy difícil en una semana y debo ponerme en forma.
	SRA. ACOSTA	Hablando de competencias, ¿es cierto que los Pumas ganaron el último partido de fútbol?

Holt Spanish 2 ¡Ven conmigo!, Chapter 5

1. SR. MARTÍNEZ   Tienes que hacer régimen o no vas a poder jugar al máximo. Definitivamente necesitas bajar de peso.
2. SR. MARTÍNEZ   Hay que relajarse. Las tensiones afectan tu bienestar y vas a ser un jugador mejor cuando sientas menos estrés.
3. SR. MARTÍNEZ   Estás en buena forma ahora, pero es necesario mantenerte en buena forma todo el año. Eso puede ser difícil para ti. Dedícate a un programa regular de ejercicio y no dejes de trabajar.
4. SR. MARTÍNEZ   Si quieres estar listo para la competencia, necesitas hacer mucho ejercicio. Levanta pesas cada tres días y haz treinta abdominales cuatro veces por semana.
5. SR. MARTÍNEZ   Estoy preocupado porque bajaste mucho de peso el semestre pasado. Come bien y cuida tu salud.
6. SR. MARTÍNEZ   Si quieres poder correr distancias más largas, respira profundamente. ¡Y no fumes ni un cigarrillo!

Additional Listening Activity 5-5 p. 41

LUISA   Beto, ¿por qué no fuiste al partido de baloncesto el domingo pasado?
BETO   Iba a asistir pero no pude. No tenía dinero.
LUISA   Angélica, no fuiste al partido de baloncesto el domingo, ¿verdad?
ANGELICA   Le dije a mi hermano Daniel que me dolía la cabeza, pero él me dijo, "no seas aguafiestas", así que fui. Por cierto, juegas muy bien.
LUISA   Serafín, ¿por qué no fuiste al partido el domingo?
SERAFIN   Ay, Luisa, es que me desperté con un dolor horrible en el muslo.
LUISA   Rosa, ¡qué desilusión! No fuiste al partido de baloncesto.
ROSA   Mira, me desperté en la mañana con un calambre, pero luego me sentí mejor y sí fui porque eres mi amiga. ¿No me viste?
LUISA   Silvia, ¿fuiste al partido el domingo?
SILVIA   Bueno, es que fui a una fiesta con Chela el sábado por la noche y me desperté muy tarde.
LUISA   Y tú, Enrique, ¿fuiste al partido el domingo?
ENRIQUE   ¿Partido? ¿Qué partido? ¿Había partido?

Additional Listening Activity 5-6 p. 41

PANCHO   Altagracia, ¿de qué te quejas?
ALTAGRACIA   Me lastimé la muñeca haciendo ejercicios aeróbicos. Me duele muchísimo.
PANCHO   Mariana, ¿qué tienes en el codo?
MARIANA   Me lastimé el codo jugando tenis. Ahora me voy a perder el torneo del sábado. ¡Qué lástima!
PANCHO   Y a ustedes, Javier, ¿qué les pasó?
JAVIER   Remamos en el río por cuatro horas y nos lastimamos el hombro. ¡Nos olvidamos de estirarnos antes de comenzar!
PANCHO   Ana, ¿qué les pasó a ustedes?
ANA   Nos torcimos el tobillo en el entrenamiento esta mañana, ¿tú crees? Ahora, ¿cómo vamos a ganar el campeonato?
PANCHO   ¿Qué te pasa? ¿Te enfermaste, Alejandra?
ALEJANDRA   No, no estoy enferma. Me duele el cuello porque me estiré mucho. ¡Qué problema! Ahora no puedo mirar la pizarra. ¿Qué va a decir la profesora?
PANCHO   ¿Qué te pasó, Roberto?
ROBERTO   Me lastimé la rodilla jugando al fútbol. Me cansé mucho y no me acordé de los consejos del entrenador. Ahora, ¿qué hago?

Answers to Additional Listening Activities

Additional Listening Activity 5-1, p. 39

Nombre	Actividad
Marisa	aumentar de peso
Diego	ir al gimnasio; ir al parque a correr
Marta	ir al parque a correr
Jan	no hacer nada

Additional Listening Activity 5-2, p. 39

	Sara	Olivia	Mercedes	Lluvia
acostarse tarde	X			
una dieta balanceada		X		
artes marciales				X
comer verduras		X		
tomar agua		X		
saltar a la cuerda			X	
hacer ejercicio		X	X	
no desayunar	X			
levantar pesas				X

Additional Listening Activity 5-3, p. 40

1. a
2. b
3. a
4. a
5. c

Additional Listening Activity 5-4, p. 40

1. d
2. e
3. a
4. b, c
5. f, h
6. g, i

Additional Listening Activity 5-5, p. 41

Beto	c
Angélica	a
Serafín	e
Rosa	a, b
Silvia	d
Enrique	f

Additional Listening Activity 5-6, p. 41

a. Mariana
b. Roberto
c. Ana y Ramón
d. Alejandra
e. Altagracia
f. Javier y Memo

PRIMER PASO

Activity 7

1. — Disculpe. ¿Sabe usted dónde está la parada de autobús?
   — Sí, claro, está aquí mismo.
2. — ¿Sabes el origen de este festival?
   — No sé. Pero podrías averiguarlo en la oficina de turismo.
3. — Perdón, señora, ¿sabe dónde hay que bajarse para ir al zoológico?
   — Pues, no tengo ni idea, joven. Pregúntele al conductor.
4. — Perdón señor, ¿me podría decir cómo se llama este edificio?
   — No estoy seguro, pero hay un letrero allí si quiere averiguarlo.
5. — ¿Sabe usted que en esta ciudad hay semáforos?
   — Por supuesto, pero no vi el semáforo. Lo siento mucho.
6. — Es difícil estacionar el coche en el centro. ¿Sabes dónde hay estacionamiento?
   — Pues, creo que usted puede estacionar su coche por allí.

Answers to Activity 7

1. b; sí
2. d; no
3. a; no
4. f; no
5. c; sí
6. e; sí

SEGUNDO PASO

Activity 15

— Hola, Guadalupe, ¿qué tal pasaste el fin de semana?
— Ah, de lo más padre.
— Dime, ¿qué hiciste?
— Bueno, primero decidimos visitar la misión de Concepción que está en el sur. Luego subimos a la Torre de las Américas.
— Es un lugar estupendo para ver el centro y sacar fotos panorámicas, ¿no?
— Sí. Bueno, después visitamos el Instituto de Culturas Texanas. Muy interesante. Ahora, por ejemplo, sé que en Texas hay muchos alemanes. No sabía eso antes.
— ¿Y después de ver el Instituto?
— Eh, visitamos el Museo de Arte. Ya sabes, me fascina el arte. Tenían una exposición impresionista. Luego, fuimos al Jardín Botánico en autobús. Tengo que mostrarte las fotos que saqué junto a las plantas exóticas. Y, por último, en la noche, fuimos a ver un partido de básquetbol en el Alamodome. ¡Qué grande es ese estadio!
— Oye, pasaste un fin de semana muy agitado. ¿Estás muy cansada o quieres venir a mi casa esta noche?
— No, no, me encantaría.
— Bueno, entonces nos vemos. Hasta luego.

Answers to Activity 15

1. a
2. b
3. f
4. d
5. e
6. c

TERCER PASO

Activity 24

1. ¿Adónde vamos para celebrar tu cumpleaños?
2. Y además de la comida, ¿cómo es?
3. ¿Quién es esta muchacha?
4. Buenas noches, señores. ¿Ya les trajeron el menú?
5. ¿Cuál es la especialidad de la casa?
6. Usted, ¿qué va a pedir?
7. ¿Y qué desea de postre, señorita?
8. ¿Cuánto le dejamos de propina a la mesera?

Answers to Activity 24

1. e
2. d
3. b
4. c
5. a
6. g
7. h
8. f

REPASO

Activity 1

1. —Disculpe, señor. ¿Me podría decir dónde está el mercado?
   —Lo siento mucho, pero no tengo ni idea. Es que tampoco soy de aquí.
2. —¿Ya sabe qué va a pedir, señorita?
   —No sé si pedir la sopa o la ensalada. ¿Qué me recomienda?
3. —Pepe, averigua cuánto cuesta la entrada.
   —Ay, ¿por qué siempre me toca a mí?
4. —Perdón, señor, ¿usted va al Jardín Botánico?
   —Sí, señor. Es la próxima parada.
5. —¿Dónde puedo estacionar mi coche, por favor?
   —Aquí a la vuelta, señorita. No lo puede dejar en la calle. Aquí no hay estacionamiento.
6. —¿Cuánto cuesta el boleto de ida y vuelta a Albuquerque?
   —Ciento veintiocho dólares.

Answers to Repaso Activity 1

1. d
2. c
3. b
4. e
5. a
6. f

Scripts for Additional Listening Activities

Additional Listening Activity 6-1 p. 47

1. ANA   Esta ciudad es muy bonita. ¿No crees?
    VICENTE   Sí, me gusta mucho el paseo del río. Es más bonito que cualquier cosa que hay en nuestra ciudad.
    ANA   ¿Dónde está el puente para llegar al otro lado?
    VICENTE   El letrero dice que está por aquí cerca. Voy a preguntarle al guía.
    VICENTE   Disculpe señor, pero ¿me podría decir dónde está el puente?
2. VICENTE   ¿Qué te parece esta iglesia? Es muy impresionante, ¿no?
    ANA   Claro. En mi vida vi una iglesia tan bonita. ¿Es muy vieja?
    VICENTE   El guía me dijo que fue construida alrededor del año mil doscientos sesenta.
    ANA   ¡Imagínate!
3. VICENTE   La vista de la ciudad es muy bonita desde este puente. ¿No crees?
    ANA   Sí. Es cierto. Es muy interesante ver los edificios modernos junto a los viejos.
    VICENTE   Tienes razón. ¿Este puente es muy viejo?
    ANA   A ver... El folleto dice que tiene cincuenta años. Así que no, no es muy viejo.
4. ANA   Ay, ya no puedo caminar. Por fin llegamos a la parada. ¿A qué hora va a pasar el autobús?
    VICENTE   El horario dice que pasa cada diez minutos. Allí viene.
5. ANA   ¿Cenamos allí?
    VICENTE   No sé. ¿Hay estacionamiento para el coche?
    ANA   No te preocupes. El guía dice que sí hay. Es que sirven un pescado blanco muy rico. Tengo ganas de comer pescado.
    VICENTE   Muy bien entonces.

Additional Listening Activity 6-2 p. 47

LUISA   Muy buenos días. Disculpe, pero, ¿podría usted decirme dónde queda la iglesia de Santa Bárbara?
RAFAEL   Sí, claro. La iglesia Santa Bárbara está en la calle Alfonso VI, junto a la biblioteca municipal.
LUISA   ¿Y está abierta para visitas?
RAFAEL   No estoy seguro. Pero lo puedo averiguar en esta guía turística. A ver... sí, está abierta desde las siete de la mañana hasta las tres de la tarde.
LUISA   Gracias. Y otra cosa, necesito cambiar dinero. ¿Hay un banco por aquí cerca?
RAFAEL   Sí, señorita. El Banco Nacional está en la avenida José de San Martín, al lado de la Plaza de la República. Está abierto de las nueve a las dos.
LUISA   Ah, perfecto. También pienso ir al Museo Antropológico.
RAFAEL   Es muy interesante ese museo. Está en el Paseo del Río, junto a la estación de trenes. Y si le interesan los museos, por allá, cerca del puente, hay otro, el Museo de la Revolución.
LUISA   Oiga, una pregunta más. ¿Sabe usted quién es el arquitecto de ese edificio alto?
RAFAEL   Lo siento, pero no tengo ni idea.
LUISA   Bien, lo averiguaré en la biblioteca. Muchísimas gracias por su ayuda.
RAFAEL   Estamos para servirle, señorita.

Additional Listening Activity 6-3 p. 48

ANUNCIADORA   Atención pasajeros con destino a Málaga. Hay un cambio de vía del tren de Madrid a Málaga. Ahora, va a salir en la vía número doce. Los pasajeros deben abordar el tren en el andén alterno.
ANUNCIADORA   Atención, atención. El tren que viene de Valencia está atrasado debido a un problema eléctrico. El tren de Valencia llegará a la estación a las cinco y quince de la tarde, aproximadamente, en el andén número cinco.
ANUNCIADORA   Doctora Salazar, doctora Salazar. Tiene una llamada telefónica urgente. Vaya a la taquilla seis para atenderla.
ANUNCIADORA   Atención pasajeros con destino a Sevilla. El tren rápido para Sevilla va a partir dentro de diez minutos. Los pasajeros deben abordar el tren en el andén siete.
ANUNCIADORA   Atención, atención. El expreso de Granada llegará a la estación en el andén cinco a las cuatro y quince.
ANUNCIADORA   Luis Suárez Fernández, Luis Suárez Fernández. Favor de pasar inmediatamente a la taquilla 2 para recoger su pasaporte.

Additional Listening Activity 6-4 p. 48

JAIME   Pasé un día maravilloso en la ciudad. Primero, fui a desayunar al Restaurante Flor de Liz; comí una sopa de maíz riquísima. A continuación, fui al parque zoológico y me divertí viendo a los animales. Después saqué fotos del lago azul que está en el parque. Luego, fui a almorzar al Restaurante del Lago. Más tarde, fui al museo de la Cultura Popular y vimos una exhibición de tiras cómicas. Después fui a visitar la Plaza de la Esperanza y comí helado. Más tarde, cené en el restaurante El Elefante. Por último, fui a ver una película de aventuras al Cine Coloso; me encantó.

GEORGINA Ayer fue un día horrible. Para empezar, fuimos al Paseo del Río sin desayunar. A continuación, pasamos una hora en la calle para tomar un taxi. Luego, fuimos al centro comercial y compramos regalos para la familia. Después, fuimos a almorzar a un restaurante horrible, La Casa Bruja: la comida era espantosa. Luego, fuimos al Museo de la Estampa pero estaba cerrado. Caminamos entonces a la Plaza de la Esperanza pero hacía mucho calor. Luego fuimos al cine Coloso a ver una película horrible de aventuras. Finalmente, cenamos en La Fonda de Catalina, pedí una hamburguesa pero estaba horrible, no pude comerla. Lo único bueno del día fue que conocí a un chico. Se llama Jaime.

Additional Listening Activity 6-5 p. 49

FRIEND	¿Qué tal el resaurante anoche, Rosa?
ROSA	Hubo un montón de problemas. Creo que el mesero era nuevo.
FRIEND	¿Qué dices? Dime qué pasó.
ROSA	Bueno cuando nos sentamos nos sirvió un plato de camarones.
FRIEND	¿Y qué?
ROSA	Es que no los pedimos. De hecho no pedimos nada.
FRIEND	¿Pues, qué otro problema hubo?
LEONARDO	Bueno, no podíamos encontrar al mesero cuando estábamos listos para pedir. Cuando llegó yo pedí una ensalada y Rosa pidió una sopa de pollo.
ROSA	¿Pues qué pasó?
LEONARDO	A mí me sirvió la sopa y a Rosa no le trajo nada.
FRIEND	Bueno, esas cosas pasan.
LEONARDO	Pero eso no es todo. Luego, le dijimos al mesero que cometió un error. Entonces por fin me trajo la ensalada, pero también me trajo una botella de agua mineral.
FRIEND	¿Qué pidieron entonces?
ROSA	Yo pedí una hamburguesa con papas fritas y Leonardo pidió el arroz con pollo. Después de un rato, llegaron dos meseros que nos sirvieron un plato grandísimo de frutas frescas que no pedimos.
FRIEND	¿Pidieron algo de postre?
ROSA	No, pero fíjate, no tuvimos que pedirlo. Es que se sentían tan mal por todos los errores que cometieron que nos regalaron un pastel de postre. Lo sirvió la cocinera principal, y ¡estuvo muy rico!
FRIEND	Menos mal.

Additional Listening Activity 6-6 p. 49

1.	MARIBEL	Carmen, ¿ya sabes qué vas a pedir?
	CARMEN	No sé. ¿Qué me recomiendas?
	MARIBEL	Aquí sirven enchiladas muy ricas.
	CARMEN	Bueno, entonces las pido. ¡Pero si no me gustan...!
2.	MESERO	¿Qué les puedo traer?
	CARMEN	¿Por favor, me trae las enchiladas?
	MARIBEL	Para mí, las flautas de pollo.
	MESERO	Muy bien. ¿Se les ofrece algo más?
MARIBEL, CARMEN		No, está bien. (Not in unison, but not separate either.)
3.	CARMEN	¿Cómo está la sopa?
	JAVIER	¡Aaaay! Me pasas el agua, ¿por favor?
	MARIBEL	¿Qué pasa? ¿La sopa está muy caliente? ¿Te quemaste?
	JAVIER	No, no es eso, es que la salsa está muy picante.
	MARIBEL	Claro. Es que la cocinera de aquí es de Nuevo México y le encanta la salsa picante.
	JAVIER	Ya veo.
4.	MESERO	¿Qué desean de postre?
	ORLANDO	Para mí, no, gracias. Ya comí mucho.
	MARIBEL	Yo sí. Tráigame por favor dos globos de helado vainilla.
	MESERO	¿Desea fruta con eso?
	MARIBEL	Sí. Póngame unas fresas, por favor.
5.	MESERO	¿Desean algo más? Todavía queda mucho flan de coco. ¿Se lo traigo?
	CARMEN	No, gracias. ¿Nos podría traer la cuenta?
	MARIBEL	¿Cuánto le dejamos de propina? Estuvo excelente el mesero.
	JAVIER	Creo que lo normal es dejar quince por ciento.
	CARMEN	Vamos a dejarle veinte por ciento. ¿De acuerdo?
	MARIBEL	De acuerdo, sí, claro.

Holt Spanish 2 ¡Ven conmigo!, Chapter 6

Answers to Additional Listening Activities

Additional Listening Activity 6-1, p. 47

1. Paseo del Río
2. Iglesia San Gregorio
3. Puente Talavera
4. Parada de Autobuses
5. Restaurante El León

Additional Listening Activity 6-2, p. 47

Additional Listening Activity 6-3, p. 48

La doctora Salazar	taquilla 6	Tren de Valencia	andén 5
Tren rápido para Sevilla	andén 7	Expreso de Granada	andén 5
Señor Suárez Fernández	taquilla 2	Tren Madrid-Málaga	vía 12

Additional Listening Activity 6-4, p. 48

Jaime	*Georgina*
1. Restaurante Flor de Liz	Paseo del Río
2. parque zoológico	la calle
3. el lago azul	centro comercial
4. Restaurante del Lago	Restaurante La Casa Bruja
5. Museo de la Cultura Popular	Museo de la Estampa
6. Plaza de la Esperanza	Plaza de la Esperanza
7. Restaurante El Elefante	Cine Coloso
8. Cine Coloso	La Fonda de Catalina
9. Jaime and Georgina most likely met at the Plaza de la Esperanza.	

Additional Listening Activity 6-5, p. 49

Leonardo		Rosa	
Pidió	**Le sirvieron**	**Pidió**	**Le sirvieron**
nada	plato de camarones	nada	plato de camarones
ensalada	sopa de pollo	sopa de pollo	nada
nada	ensalada	hamburguesa	frutas frescas
nada	agua mineral	papas fritas	nada
arroz con pollo	frutas frescas	nada	pastel
nada	pastel		

Additional Listening Activity 6-6, p. 49

1. b 2. a 3. a 4. c 5. d

PRIMER PASO

Activity 7

1. De pequeña, cenaba con mi mamá porque mi papá trabajaba de noche y nunca estaba en casa a la hora de la cena.
2. Hoy mi papá llega a casa a las seis y media y luego cenamos con toda la familia.
3. Mi mamá siempre hace las compras. A veces la ayudo los fines de semana. Me gusta ir a los super-mercados. Hay de todo.
4. Cuando tenía siete años, yo vivía en un pueblo muy pequeño. No teníamos un supermercado y comprábamos todo en el mercado central.
5. Mis hermanos juegan al béisbol todos los fines de semana. Yo prefiero ir a la playa con mis amigas.
6. Cuando era joven, todos nosotros pescábamos, nadábamos y pasábamos los fines de semana juntos.
7. Pues, de pequeños, un día mis hermanos y yo estábamos en el bote de vela cuando empezó a llover fuerte. Era muy peligroso porque había mucho viento.
8. Por eso ya no me gusta ir a pescar en bote. Todavía tengo miedo de las tormentas.

Answers to Activity 7

1. de niño	4. de niño	7. de niño
2. ahora	5. ahora	8. ahora
3. ahora	6. de niño	

Activity 13

JOAQUÍN   Mamá, Papá, ¿cómo era yo cuando tenía siete años?

MAMÁ   Bueno, de pequeño te podías pasar todo el día con tu perro Campeón.

PAPÁ   No te gustaba ir a la escuela porque Campeón no podía ir contigo. Pero no te molesta-ba hacer la tarea en casa.

JOAQUÍN   Yo estudiaba mucho, ¿verdad?

MAMÁ   Sí, Joaquín. También me ayudabas en casa. Te gustaba mucho barrer.

PAPÁ   ¡Qué niño! Te gustaba organizar tu carto.

JOAQUÍN   Así que yo era el hijo perfecto, ¿no?

MAMÁ   Pues, no sé si eras perfecto. De niño, te fastidiaba acostarte temprano. Me acuerdo que siempre te parecía pesado cepillarte los dientes antes de acostarte.

PAPÁ   Sí, y por la mañana sólo querías dormir. Odiabas levantarte temprano. Pero siempre compartías los juguetes con tu hermano.

JOAQUÍN   Bueno, no era el hijo perfecto a los siete años, pero ahora que tengo quince años seguro que lo soy.

Answers to Activity 13

1. le gustaba	5. le gustaba	9. le gustaba
2. no le gustaba	6. no le gustaba	
3. le gustaba	7. no le gustaba	
4. le gustaba	8. no le gustaba	

SEGUNDO PASO

Activity 18

1. En aquellos tiempos nos gustaba mucho ir a la playa con toda la familia. Pasábamos todo el día charlando y comiendo y jugando en la playa.
2. En aquella época los dos muchachos siempre estaban en competencia. Rogelio decía que era más fuerte que Martín y Martín siempre decía que era más rápido que Rogelio. Aquí en esta foto Martín y Rogelio están corriendo en la playa. Los dos no sólo eran hermanos, también eran muy amigos.
3. En aquel entonces la vida era muy feliz. Toda la familia vivía junta en la misma casa. En mis

tiempos los hijos se quedaban en casa para ayudar a los padres. También a nosotros nos parecía genial sentarnos afuera y pasar la tarde platicando. So pueden ver en esta foto a todos sentados en el patio.

4. En esa época nos preocupábamos mucho por la salud; hacíamos ejercicio todos los días, comíamos cosas sanas, cuidábamos el peso y siempre dormíamos lo suficiente. Pocas veces íbamos a bailar y no fumábamos. Por lo general, la vida era divertida.

Answers to Activity 18
1. b   2. c   3. a   4. ninguna

TERCER PASO

Activity 29

1. Kim nunca quería hacer nada. Odiaba ir al cine. No le gustaba salir con amigos. No era muy interesante.
2. Marisela era una persona muy contenta. Siempre sonreía y ayudaba a todos. En las fiestas era la más popular. No se quejaba nunca. A todo el mundo le caía bien porque siempre era alegre.
3. Mi hermana no se despertaba para nada. Tenía tres despertadores y todavía llegaba tarde a la escuela. Yo nunca podía despertarle.
4. Robertito se portaba muy bien. Obedecía a sus padres y a sus maestros, y le gustaba ayudar a todos. Además, casi siempre estaba de buen humor. Era un niño buenísimo.
5. El capitán Vargas participó en muchas batallas. Era un símbolo heroico para todo el país.
6. Rogelio era una maravilla. Podía levantar cosas muy pesadas. Una vez levantó un piano sin ayuda. Yo no podía creerlo. Era un hombre grande y musculoso.

Answers to Activity 29
1. Kim era tan aburrida como un pato.
2. Marisela era tan feliz como una lombriz.
3. Mi hermana dormía tan bien como un lirón.
4. Robertito era tan bueno como un ángel.
5. El capitán Vargas era tan noble como un perro.
6. Rogelio era tan fuerte como un toro.

REPASO

Activity 1

a. ¡Ay, cómo recuerdo los tiempos cuando yo era una chica joven! La vida era mucho mejor en aquel entonces. No había tanto tránsito porque andábamos en bicicleta, montábamos a caballo o caminábamos. Hoy es muy ruidoso en las calles porque hay tantos coches como gente.
b. Los fines de semana íbamos a la playa. Los sábados por la tarde llevábamos comida a la playa y nos quedábamos hasta muy tarde. Y, ¿sabes?, la comida era muy buena. Verduras frescas, fruta fresca, mariscos frescos. Hoy todo viene de lejos y no tiene sabor.
c. En aquella época no teníamos televisión y teníamos diversiones sencillas. Nos divertíamos conversando hasta muy tarde. Hoy en día hay más diversiones.
d. Lo que sí es mejor ahora es el sistema de educación. Los colegios son mejores. Hoy hay computadoras en los colegios. Todos los estudiantes tienen libros y los maestros están bien preparados.
e. La vida en la ciudad es mejor también porque hay electricidad, agua corriente y las calles están más limpias. En fin, algunas cosas son mejores, otras no. La vida cambia y nosotros también.

Answers to Repaso Activity 1
1. en aquel entonces
2. ahora
3. depende, algunas cosas eran mejores en aquel entonces, otras ahora
4. en aquel entonces
5. ahora
6. ahora

Scripts for Additional Listening Activities

Additional Listening Activity 7-1, p. 55

ÁNGELA ¡Cómo han cambiado las cosas! Cuando yo era joven, las chicas no salían solas. No, no... iban con ellas sus hermanos. Ahora cuando salen mis nietas con muchachos, van solas y no se preocupa nadie. La vida era más sencilla cuando yo era joven. En aquellos tiempos, no teníamos televisión ni centros comerciales. Casi todos los días después de clases los niños iban al parque. Allí mi amiga Queti y yo compartíamos un helado y paseábamos, mientras los hermanitos hacían sus travesuras o contaban chistes... Ahora, cuando vuelven mis nietas de clases, llaman a sus amigos por teléfono, van al centro comercial o trabajan. Recuerdo que a mí me gustaba mucho andar en bicicleta. Yo soñaba con ganar la Vuelta a Colombia o el Tour de Francia. Los fines de semana, a veces hacíamos excursiones en bicicleta. Íbamos al lago y allí hacíamos un pic-nic. Preparábamos unas comidas riquísimas, empanadas y pasteles. Ahora, claro, nadie tiene tiempo para hacer esas cosas. Todo el mundo usa coche y come en restaurantes. ¡Qué pena!, ¿no? Pero, ¿saben ustedes una cosa? Todavía me gusta andar en bicicleta. Y sigo preparando empanadas para los cumpleaños de mis nietas.

Additional Listening Activity 7-2, p. 55

ANA Abuela, mira esto. Encontré todas estas cosas arriba. ¿De quién son?
ABUELA Ay, hijita... son cosas viejas, de cuando éramos todos jóvenes.
ANA ¿De verdad?
ABUELA Sí, sí. Mira... las pinturas eran de tu tío Fernando. Le encantaba pintar y dibujar. Soñaba con vivir en Europa y ser un artista famoso.
ANA ¿Y estos cuadernos?
ABUELA Eran de tu tía Margarita. ¡Cómo le fascinaba escribir! Claro, ella quería ser escritora para ganar el Premio Nóbel.
ANA ¿Hay algo tuyo aquí, abuelita?
ABUELA Sí, mira... aquí están mis zapatillas de baile.
ANA Abuelita, no sabía que te gustaría bailar.
ABUELA Hace muchos años, sí, el baile era algo muy especial para mí. Lo encontraba genial. Iba a clases de baile los martes y los sábados. Yo soñaba con ir a bailar en el Teatro Nacional.
ANA ¿Tienes algo de papá, abuelita?
ABUELA Claro que sí. Esta es la pelota de béisbol de tu papá. ¡Cómo le gustaba jugar! Le fastidiaba mucho cuando tenía quehaceres. Odiaba ayudar en casa porque sólo quería jugar al béisbol.
ANA ¿Y estos libros de plantas y flores?
ABUELA Deben ser de mi hermana Olga. Pasaba todo el tiempo leyendo esos libros o en el jardín. Yo la encontraba un poco antipática porque siempre quería estar sola y no le gustaba jugar conmigo.
ANA ¿Y ahora cómo es?
ABUELA Ahora vive en el campo y tiene muchas amigas... ¡las plantas en su jardín!

Additional Listening Activity Activity 7-3, p. 56

ROBERTO ¿Cómo era mi tío Fernando en aquel entonces?
ALBERTO De niño, Fernando era muy solitario. No jugaba mucho con los otros niños del barrio.
ROBERTO Y mis tías Sarita y Alicia, ¿cómo eran?
ALBERTO Eran unas chiquitas muy traviesas. Siempre hacían cosas para asustar a sus hermanos. Una vez pusieron una serpiente en la cama de tu padre.
ROBERTO ¿Y cómo era mi padre cuando era chico?
ALBERTO ¿Javier? Cuando era pequeño, Javier hablaba todo el tiempo. Siempre era muy conversador. Eso les parecía muy pesado a sus maestros. Se enojaban con él porque hablaba tanto.
ROBERTO ¿Y yo?
ALBERTO Cuando eras chiquito, Roberto, eras un estudiante muy flojo. Jamás terminabas tus deberes, llegabas tarde a clases... No sé si te acuerdas, tus padres estaban muy preocupados por ti.
ROBERTO ¿Y tú, abuelo? ¿Cómo eras tú cuando tenías nueve años?
ALBERTO Cuando era pequeño, tenía muchos problemas con mi hermano Luis. Él era muy impaciente conmigo y peleábamos como perros y gatos. Parecía que nos odiábamos, pero no era cierto.
ROBERTO Y, ¿cómo era mi abuela de niña?
ALBERTO Los padres de Patricia eran ricos, y ella tenía un montón de juguetes. Pero no era una niña consentida ni egoísta. No le molestaba compartir sus cosas, y tenía muchas amigas.

Additional Listening Activity 7-4, p. 56

IGNACIO	Abuelo, cuéntame cómo era tu vecindario cuando eras joven.
DON RUBÉN	Bueno, como ya sabes, en aquella época, la vida era mucho más sencilla. Pero fíjate que en aquel entonces el aire no era tan puro como hoy. Había una fábrica que hacía mucha contaminación y mucho ruido.
IGNACIO	¿Por qué la quitaron?
DON RUBÉN	Pues porque era muy peligrosa. Tampoco nos gustaba tenerla tan cerca de nuestra casa.
IGNACIO	¿Y cómo era tu casa?
DON RUBÉN	Era una casa grande y bonita, de dos pisos. Teníamos un patio hermoso y un pozo detrás de la casa.
IGNACIO	¿Un pozo? ¿Qué... no tenían agua corriente?
DON RUBÉN	No, en esa época no. Pero el agua de ese pozo era la más dulce y la mejor.
IGNACIO	¿Y tenían televisión?
DON RUBÉN	No, pero sí escuchábamos la radio. Recuerdo que fuimos los primeros del barrio en comprar una radio. Estaba en la cocina y la escuchábamos todas las noches. A mí me fascinaban las radionovelas.
IGNACIO	¿Tenían ustedes aire acondicionado?
DON RUBÉN	Pero, Rubén, ¿cómo va a ser eso? Claro que no. El aire acondicionado es una invención muy moderna. Y ya te expliqué que no teníamos electricidad.
IGNACIO	¿Y tampoco calefacción?
DON RUBÉN	No, tampoco calefacción. Cuando hacía mucho frío, íbamos a la cocina para calentarnos al lado de la estufa de leña.
IGNACIO	¿Cocinaban con la misma estufa de leña?
DON RUBÉN	Sí, sí. Teníamos una estufa enorme. Era negra y gigantesca. Yo tenía que ir con mi padre a cortar leña todas las semanas.
IGNACIO	¿Había cines en aquel entonces?
DON RUBÉN	Había un cine, sí. No podíamos ir al cine mucho, porque las entradas costaban cinco centavos.
IGNACIO	¿Cinco centavos? Ahora cuesta más de seis dólares. ¿Y cómo ibas al cine? Ibas con tu papá en coche?
DON RUBÉN	No, no teníamos coche. Caminábamos hasta el centro. En esa época, la gente iba a pie. Todos los días, caminaba yo casi cuatro millas para ir...
IGNACIO	...al colegio. Sí, abuelo, sí. Ya sabía eso, ya sabía.

Additional Listening Activity 7-5, p. 57

NURIA	Mi primo Miguel creció en una familia muy grande. Tenía cinco hermanos y vivía tan feliz como una lombriz, porque cuando era niño, nunca estaba solo. Sus hermanos mayores siempre lo cuidaban y era muy consentido. Yo, en cambio, no tenía tantos hermanos como él. Sólo tenía una hermana.
NURIA	Miguel siempre fue más conversador que yo. Le encantaba conocer a gente nueva, siempre contaba chistes... A mí me parecía más aburrido que un pato pero le caía bien a la gente. ¿Y yo? Pues, me gusta conversar, pero no soy tan conversadora como Miguel. Más bien soy algo tímida y solitaria.
NURIA	Una cosa que a los dos nos gustaba era hacer deportes. Miguel jugaba al béisbol y al fútbol, y yo nadaba y jugaba al tenis. Y a Miguel le gustaba tanto montar en bicicleta como a mí.
NURIA	A mí me parecía divertido el colegio; lo encontraba genial. En cambio, Miguel odiaba las clases. No era muy trabajador y casi nunca hacía su tarea. Sus notas nunca eran tan buenas como las mías. ¡Pobre!
NURIA	Durante los veranos, yo iba a visitar a Miguel. Vivía en un rancho en el campo. A nosotros nos gustaba nadar en el río, trepar árboles y explorar cuevas. Miguel hacía tantas cosas peligrosas como yo pero nunca tuvo ningún accidente. Yo en cambio, me lastimaba con frecuencia.

Additional Listening Activity 7-6, p. 57

BERNARDO	Este animal es tan aburrido como un pato. En el agua, no hace nada, pero nada. Cuando no está en el agua, ¡no puede vivir!
BERNARDO	Este animal es tan seria como un profesor. Es famosa porque hace tantos planes y siempre está lista cuando llega el invierno. Trabaja tanto como el burro o la abeja.
PELANCHA	En el invierno, nadie es tan solitario como este animal. A él le gustan las cosas dulces tanto como a las abejas. Es tan fuerte como un toro y puede ser muy peligroso.
PELANCHA	Este animal trabaja tanto como un burro. Le gustan mucho las cosas dulces. También debes saber que es un poco impaciente. Si la molestas cuando está trabajando, ¡ay! Lo vas a sentir. Ah, y además, pasa una gran parte de su vida en el aire.
BERNARDO	Nadie es tan tímido como este animal. Dicen que es difícil conocerla pero, ¡siempre está en casa! Ah, y no le gusta correr... ¡para nada!

Answers to Additional Listening Activities

Additional Listening Activity 7-1, p. 55

Antes		Ahora
	salir solas las chicas	X
X	comer helado	
	llamar a amigos por teléfono	X
	ir al centro comercial	X
	trabajar	X
X	andar en bicicleta	X
X	hacer excursiones	
X	preparar empanadas	X
	usar coche	X
	comer en restaurante	X

Additional Listening Activity 7-2, p. 55

Nombre	¿Qué le gustaba?
Papá	le gustaba jugar al béisbol
Abuela	le gustaba bailar
Margarita	le gustaba escribir
Fernando	le gustaba pintar y dibujar
Olga	le gustaba leer y estar en el jardín

Additional Listening Activity 7-3, p. 56

1. b
2. a
3. a
4. a
5. b

Additional Listening Activity 7-4, p. 56

____ aire limpio	____ fábrica lejos	X estufa de leña
X mucha contaminación	X casa de dos pisos	X el cine
X mucho ruido	X pozo detrás de la casa	____ el coche
____ casa pequeña	____ televisión	____ videojuegos
X vida sencilla	X escuchar radionovelas	____ lavaplatos

Additional Listening Activity 7-5, p. 57

1. b
2. b
3. a
4. b
5. a

Additional Listening Activity 7-6, p. 57

1. e
2. c
3. d
4. a
5. f

PRIMER PASO

Activity 7

1. ¡Qué fin de semana! Yo quería ir a la playa con mis amigos pero tuve que trabajar en casa todo el sábado. Y luego el domingo fuimos a misa y por la noche estudié para un examen muy difícil, pero por la tarde mi amigo Andrés y yo paseamos en bicicleta. ¡Qué día más bonito! En fin, no lo pasé tan mal este fin de semana.
2. Llegaron mis primos de San Juan y decidimos ir a la playa. Llevamos comida y jugamos al voleibol, nadamos y buceamos también. Llovió por la tarde, pero no duró mucho. Luego fuimos a un concierto y escuchamos a un grupo malísimo pero nos divertimos mucho. Nos reímos como locos. ¡Fue un fin de semana de película!
3. Nunca en mi vida pasé un fin de semana como éste. Yo iba a ir al cine, pero no pude encontrar el dinero. Luego iba a pasear en bicicleta con mis amigos, pero tuve problemas con mi bici. Luego, mamá me dio unos quehaceres en casa y pasé todo el día trabajando. El domingo no fue nada mejor. Llovió todo el día y no pude salir. En la televisión, solamente había películas viejas. ¡Aburridísimo! Lo bueno es que mañana, el lunes, va a ser mejor.

Answers to Activity 7
1. más o menos bien
2. de maravilla
3. malísimo

SEGUNDO PASO

Activity 18

1. — Bueno, Marta, ¿dónde estabas a las diez esta mañana? Te llamé pero no te encontré en casa.
   — Pues tuve que ir al correo a mandarle un paquete a mi abuela.
2. — Marta, te esperamos hasta las tres y media. ¿Dónde estabas?
   — ¡Ay, qué lío! Primero tuve que llevar el coche al taller, y luego fui a la gasolinera.
3. — Marta, te perdiste una película fantástica. ¿Por qué no viniste? Salimos a las cuatro pero tú no estabas en casa.
   — Tuve que cuidar a mis primos.
4. — Hola, Marta, ¿qué pasó? Te esperábamos para ir a la playa a eso de las dos.
   — No me sentía muy bien y tomé una siesta.
5. — Marta, llegas muy tarde. Son las tres y media.
   — Sí, es cierto, pero tuve que ponerle gasolina al carro.
6. — Marta, ¿vas de compras con nosotras a las cuatro?
   — Ay, Gabi, no puedo. Tengo que acompañar a mamá al dentista a las cuatro.
7. — Marta, ¿puedes manejar a la casa de Roberto esta tarde?
   — No puedo porque tengo que llevar el coche al taller alrededor de las dos.

Answers to Activity 18
1. lógico
2. lógico
3. ilógico
4. ilógico
5. lógico
6. lógico
7. lógico

TERCER PASO

Activity 27

1. Dijeron que el baile iba a ser fantástico.
2. Vi a muchas personas con vestidos bellos.
3. José Luis dijo que Mario iba a llevar un disfraz de cocodrilo.
4. Dijeron que había mucha más gente este año.
5. La gente se reunió en la plaza por la tarde.
6. Mi hermano participó en la fiesta.
7. Alejandro dijo que David y Claudia tenían las máscaras más originales.
8. El festival fue mucho mejor este año.

Answers to Activity 27

1. indirecta
2. directa
3. indirecta
4. indirecta
5. directa
6. directa
7. indirecta
8. directa

REPASO

Activity 1

Hoy, el primero de julio, en la ciudad de Ponce da inicio el festival de Cine Hispanoamericano. Las películas exhibidas son las mejores producidas este año en Latinoamérica. Hay dos de México, tres de la Argentina y una de Chile. Todas las películas se presentan en el Cine Club Ponce. La película mexicana que recibió mucha publicidad es *Como agua para chocolate*. Adaptada de la novela del mismo nombre, la película sigue ganando millones de dólares. El festival empieza el sábado por la noche y dura dos semanas. Van a presentar más de catorce películas. La última noche es el catorce de julio, cuando la ciudad va a celebrar con fiesta y baile el fin del festival.

Answers to Repaso Activity 1

1. 1–14 de julio
2. Cine Hispanoamericano
3. México, la Argentina, Chile
4. dos
5. *Como agua para chocolate*
6. más de 14
7. es la última noche del festival
8. Cine Club Ponce

Scripts *for* Additional Listening Activities

Additional Listening Activity 8-1, p. 63

1.   GABRIEL   Hola, Lourdes. ¿Qué tal el fin de semana?
         VIOLETA   Bien. Fui a ver la nueva película de Luis Manuel.
         GABRIEL   ¿Y cómo estuvo la película?
         VIOLETA   Buenísima. Es la mejor película del año.
2.   GABRIEL   Federico, ¿ya tomaste el examen de química?
    ARMANDO   Sí, lo tomé esta mañana.
         GABRIEL   ¿Y cómo te fue?
    ARMANDO   Horrible. Me fue muy mal. No pude resolver 15 preguntas.
3.   GABRIEL   Rolando, ¿fuiste a la fiesta de Pati el domingo?
    EDUARDO   Sí, claro. ¿Por qué no fuiste tú?
         GABRIEL   Quería ir, pero no pude. ¿Qué tal estuvo la fiesta?
    EDUARDO   Excelente. Había muchas personas. Lo pasé de maravilla.
4.   GABRIEL   Sonia, ¿terminaste de leer la novela de Dostoievski?
          SONIA   Sí, pero me costó muchas horas. ¡Es un libro de tantas páginas!
         GABRIEL   Entonces, ¿no te gustó?
          SONIA   Al contrario, me gustó mucho. Me pareció interesantísimo.
5.   GABRIEL   Miguel, ¿qué tal estuvo el partido de fútbol?
      MIGUEL   Estuvo malísimo. Los Merengues perdieron cuatro a uno frente a los Rayos.
         GABRIEL   ¡Qué lástima!
6.   GABRIEL   Teresa, fuiste con Javier al zoológico, ¿no? ¿Qué tal lo pasaste?
       TERESA   Estuvo aburridísmo. Los monos no hacían travesuras y las tortugas sólo dormían y dormían.

Additional Listening Activity 8-2, p. 63

      LOCUTOR   Bienvenidos amigos a su programa Miércoles de Matiné. Como todos los miércoles, está
                 con nosotros Jorge Pérez Blanco, famosísimo crítico del cine. Jorge, tú fuiste a dos
                 películas. En tu opinión, ¿qué película es la mejor de esta semana?
SR. BLANCO   La mejor película de la semana es *Terror en el Parque de Atracciones*, del director Boris
                 González Aleo y con una historia de Esteban Reyes.
      LOCUTOR   Boris González es el mismo director de *Aventuras en el Zoológico*, ¿verdad?
SR. BLANCO   Sí, claro, aunque a mí me gustó más *Terror en el Parque de Atracciones*. Los efectos especiales
                 en la montaña rusa fueron los mejores de la historia del cine. Julio Almeida es el mejor actor.
      LOCUTOR   Pero a mí me gustó mucho la primera película, *Aventuras en el Zoológico*. A ti, Jorge, ¿qué
                 te gustó de esa película?
SR. BLANCO   Lo que me gustó más de *Aventuras en el Zoológico* fue el sentido del humor y las actuaciones de los ani-
                 males del zoológico. El cocodrilo Dientitos fue el mejor actor en esa película. La música también me gustó
                 mucho. La banda Los Sonidos del Bosque es requetebuena y Celia Libertad es la mejor cantante del país.
      LOCUTOR   ¿Y qué fue lo peor de la película *Terror en el Parque de Atracciones*?
SR. BLANCO   Lo peor fue la malísima actuación de la estrella de cine Iris Morocha. Iris es la peor actriz de la pelícu-
                 la. Tampoco me gustaron las escenas con los carros chocones. Esas escenas fueron algo aburridas.
      LOCUTOR   ¿Y qué fue lo peor de *Aventuras en el Zoológico*?
SR. BLANCO   Lo peor fue el loro Cotorrón. Su actuación estuvo aburridísima. No sé por qué no fue más
                 conversador. Sin duda, fue el peor actor de la película.
      LOCUTOR   Jorge, muchas gracias por tus opiniones. Jorge Pérez Blanco estará con nosotros el
                 próximo miércoles en su programa Miércoles de Matiné. Por hoy, es todo, muchas gracias
                 y acuérdese, en nuestro programa, usted siempre los pasa... ¡de película!

Additional Listening Activity 8-3, p. 64

SR. CÓRDOVA   Paloma, ¿adónde vas? Tienes que terminar con todo los mandados antes de ir a la playa.
       PALOMA   Sí, papá. Ya hice muchas cosas, pero todavía me faltan algunas.
SR. CÓRDOVA   ¿Ya fuiste a la farmacia para comprar la medicina para tu abuela?
       PALOMA   Sí, y también pasé por el correo para comprar estampillas para mamá.
SR. CÓRDOVA   Muy bien. ¿Y el carro?
       PALOMA   Voy a llevar el carro a la gasolinera ahora mismo. También necesito pasar por el
               supermercado y comprar unas cosas para la cena esta noche.
SR. CÓRDOVA   ¿Y ya acompañaste a tu hermanito al dentista?
       PALOMA   No, papá. La cita no es hoy, es mañana.

LISTENING ACTIVITIES · SCRIPTS & ANSWERS

SR. CÓRDOVA	Ah, sí. ¿Ya llevaste al perro al veterinario?
PALOMA	Sí, esta mañana. Me dijeron que está muy bien.
SR. CÓRDOVA	Me alegro mucho. ¿Y tus quehaceres?
PALOMA	Ya hice mi cama y lavé la ropa. Iba a lavar los platos del almuerzo, pero ustedes todavía están almorzando.
SR. CÓRDOVA	No te preocupes, hija. Yo los lavo. Tú ya hiciste mucho. Anda, vete a la playa a divertirte.
PALOMA	Gracias, papá. Hasta luego.

Additional Listening Activity 8-4, p. 64

RAIMUNDO	Hola, soy Raimundo. Lo lamento mucho, pero no pude ir a tu fiesta. Mis tíos vinieron de visita el sábado y tuve que estar con ellos. Hasta luego.
LAURA	Hola, Felipe, soy yo, Laura. Muchas gracias por tu invitación. Pensaba ir pero tuve que llevar a mi amiga Victoria al doctor. Llámame.
DANIEL	Felipe, ¿qué hay? Aquí Daniel. Gracias por invitarme. Esperaba ir a tu fiesta pero no pude. Tuve que cuidar a mi hermanita todo el día. Nos vemos.
SUSANA	Felipe, hola. Te habla Susana. Oye, no pude ir a tu fiesta. Tuve que hacer muchos mandados para mis papás.
CRISTIÁN	Hola, Felipe. Te llama Cristián. Gracias por invitarme, pero no pude ir a tu fiesta. Tuve que llevar el carro al taller. Llámame cuando puedas. Hasta luego.

Additional Listening Activity 8-5, p. 65

LOCUTORA	El desfile de las máscaras que se celebró ayer en la ciudad fue magnífico. Las carrozas empezaron a desfilar a la diez de la mañana y a las dos de la tarde desfiló la última carroza. Más de 5.000 personas vieron el desfile, dijo Pedro Almaguer, quien organizó la celebración.
PEDRO	Estamos muy contentos porque este año mil personas más vieron el desfile de las máscaras. El año pasado 4.000 personas vieron el desfile y ayer más de 5.000 personas lo vieron. Fue un éxito.
LOCUTORA	Desde muy temprano, la gente se preparó para la celebración. Quienes desfilaron tuvieron un día muy largo, dijo Patricia Huerta del Club de las Máscaras Juveniles.
PATRICIA	Nos levantamos como a las tres de la mañana para arreglar nuestra carroza y vestirnos con nuestros disfraces.
LOCUTORA	También fue un día muy largo para los trabajadores de la ciudad quienes tuvieron que decorar la ciudad y después limpiarla, José López, trabajador, dijo.
JOSÉ	Desde las dos de la mañana empezamos a decorar la ciudad con globos y banderas. Después del desfile, como a las cuatro de la tarde, tuvimos que limpiar la ciudad y recoger todas las decoraciones.
LOCUTORA	Las personas que vieron el desfile disfrutaron mucho y dijeron que estaban contentas. Nidia Salamanca, estudiante del Instituto Patria dijo que disfrutó mucho del desfile.
NIDIA	El desfile estuvo precioso. Disfruté de todo: las carrozas, los bailes, los disfraces y la música. Yo iba a desfilar con el Club de Baile pero me lastimé un tobillo. Así que sólo pude ver el desfile. Lo disfrute muchísimo.
LOCUTORA	Para *Noticias y más Noticias*, Rosario Garabito.

Additional Listening Activity 8-6, p. 65

BEATRIZ	Roberto, ¿vas a ir al festival de la Calle Tres el sábado?
ROBERTO	Por supuesto que sí. ¿Y tú?
BEATRIZ	Sí, yo también. Oye, ¿sabes a qué hora empieza el desfile?
ROBERTO	El desfile empieza a las dos de la tarde en la Plaza Mayor.
BEATRIZ	Entonces, ¿cuándo podemos decorar nuestra carroza?
ROBERTO	Débora y Marta ya la decoraron el miércoles pasado.
BEATRIZ	Ah, muy bien. ¿Y las otras carrozas del colegio?
ROBERTO	Pues, cada club diseña y decora su propia carroza. Nuestro Club de Drama va a decorar la carroza este viernes. Tú vas a ayudarnos, ¿verdad?
BEATRIZ	Sí, todo el club va a participar.
ROBERTO	Va a estar muy bonita la carroza este año. ¿Te acuerdas? Ganamos el premio del festival el año pasado.
BEATRIZ	¿Y vamos a hacer disfraces, también?
ROBERTO	Sí, los disfraces los están diseñando Gregorio y Timoteo, ahora mismo, en casa de Timoteo. Este año, vamos a usar disfraces de personajes de las grandes obras literarias—*Romeo y Julieta, Dulcinea, don Juan Tenorio, Fausto...*
BEATRIZ	¡Qué buena idea! ¿Y las máscaras?
ROBERTO	Alicia fue a un mercado especial en Villa Chica y compró todas las máscaras que tenían allí.
BEATRIZ	Y después del desfile hay una fiesta, ¿no?
ROBERTO	Sí, claro. La fiesta es a las ocho de la noche, el sábado, en la Plaza San Juan. Todos los estudiantes de la escuela vamos a bailar y a cantar.
BEATRIZ	Ya veo que lo vamos a pasar muy bien.

Answers to Additional Listening Activities

Additional Listening Activity 8-1, p. 63

1. a		4. b	
2. c		5. c	
3. c		6. b	

Additional Listening Activity 8-2, p. 63

1. b		4. b	
2. c		5. b	
3. a		6. c	

Additional Listening Activity 8-3, p. 64

ya lo hizo		no lo hizo
X	llevar al perro al veterinario	
	pasar por el supermercado	X
	lavar los platos	X
X	pasar por la farmacia	
X	lavar la ropa	
	llevar el carro a la gasolinera	X
	acompañar al hermanito al dentista	X
X	comprar estampillas para mamá	
X	hacer la cama	

Additional Listening Activity 8-4, p. 64

b	Raimundo	d	Susana
e	Laura	f	Cristián
c	Daniel		

Additional Listening Activity 8-5, p. 65

1. e		4. c	
2. a		5. d	
3. f			

Additional Listening Activity 8-6, p. 65

	¿Dónde?	¿Cuándo?	¿Quién?
el desfile	Plaza Mayor	sábado, 2:00	todos
decorar la carroza	frente a casa de Marisol	miércoles	Club de Drama
comprar las máscaras	Villa Chica	ya	Alicia
diseñar los disfraces	casa de Timoteo	ahora mismo	Gregorio y Timoteo
la fiesta	Plaza San Juan	sábado, 8:00	todos

PRIMER PASO

Activity 7

TURISTA 1	Disculpe señor, ¿dónde está el Museo de Artes Populares?
JOSÉ LUIS	Bueno, muy cerca. Primero debe salir de la oficina de turismo a la calle Hermano Miguel. Después doble a la izquierda y siga derecho hasta la calle Larga. El museo está allí a la izquierda. Es muy fácil, no se puede perder.
TURISTA 2	Perdón, ¿dónde queda la plaza Calderón?
JOSÉ LUIS	Ah, no queda muy lejos. Primero hay que salir de la oficina de turismo a la calle Presidente Córdova y luego doblar a la izquierda. Al llegar a la calle Luis Cordero, doble a la derecha y siga hasta la calle Mariscal Sucre. La plaza Calderón está allí.
TURISTA 3	Disculpe, ¿cómo se va al planetario?
JOSÉ LUIS	Bueno, está bastante lejos. Es mejor tomar un taxi, pero si quiere caminar hay que salir de la oficina a la calle Presidente Córdova. Doble a la izquierda y siga derecho hasta la calle Benigno Malo. En la calle Benigno Malo, doble a la derecha. Allí se encuentra el planetario.
TURISTA 4	Perdón señor, ¿dónde queda el aeropuerto?
JOSÉ LUIS	Es muy fácil, usted debe salir de la oficina de turismo a la calle Hermano Miguel. Primero doble a la derecha y siga derecho hasta la calle Vega Muñoz. Doble a la izquierda y siga hasta llegar al aeropuerto.

Answers to Activity 7

1. Correcta   2. Correcta   3. Incorrecta   4. Incorrecta

Activity 13

¿Necesita una camisa blanca para su graduación?

Los almacenes Zar, Dynastía y Everfit le regalan una camisa blanca en la compra de un vestido o una chaqueta con el pantalón. ¡Sí, usted escuchó bien! En la compra de un vestido o una chaqueta con el pantalón, nuestros almacenes le regalan una camisa blanca para su graduación. Apresúrese y no se puede perder. El almacén Zar se encuentra en el Unicentro Sandiego en Oviedo, al norte del barrio de la Magdalena, al lado del Estadio Olímpco. El almacén Dynastía está en el Unicentro de Maracaibo; suba por la Calle Número 5 y doble a la izquierda en la avenida Maracaibo hasta llegar al cruce con la avenida 12 de Octubre. El almacén Everfit se encuentra en el Mercado de San Diego, local 138; baje por la avenida Maracaibo hasta encontrarse con la avenida Colón, está delante del cine Coloso. No hay camisa mejor que nuestra camisa blanca. Visítenos hoy.

Answers to Activity 13

1. cierta   2. falsa; El almacén Zar se encuentra al lado del Estadio Olímpico.
3. cierta   4. falsa; Si tomas la Avenida Colón, vas a llegar a la tienda Everfit.
5. falsa; El almacén está delante del cine Coloso.

SEGUNDO PASO

Activity 16

Conversación 1
— ¿Dónde están los probadores, por favor? Quiero probarme estas blusas.
— Siga derecho. Están detrás de la caja, a la izquierda.
— Gracias.

Conversación 2
— ¿Qué talla necesita usted?
— Pues, es una camisa para mi padre. Creo que lleva talla 48, como yo.
— Muy bien. A ver... 44... 46... 48... aquí está.

Conversación 3
— Muy buenos días. ¿Tienen ustedes corbatas de seda, en azul marino?
— No, lo siento. Tenemos corbatas de seda, pero no las tenemos en azul marino.
— Qué lástima.

Conversación 4
— ¿Oiga? Oiga, por favor... ¿me puede atender?
— ...
— Oiga... me atiende, ¿por favor?

Conversación 5
— ¿Qué número calza usted, señorita?
— Del 36 o del 37.
— Bueno. Le traigo unos del número 36 porque no nos quedan los del número 37.

Conversación 6
— No sé, señorita... me parece que es un poco grande.
— ¿La tiene en una talla más pequeña?
— Claro que sí. Sígame, por favor.

Activity 19

Conversación 1

ADRIANA   Lola, ¿cómo te queda ese vestido?

LOLA   Ay, chica... horrible. Me queda muy largo.

ADRIANA   Así que no lo vas a comprar?

LOLA   Ni pensarlo. Vamos a otra tienda, ¿quieres?

Conversación 2

MAMÁ   Martín, te ves muy guapo en ese traje. Y esa corbata es divina.

MARTÍN   Ay, mamá... deja... me veo ridículo. Es tan formal. Quiero algo más de moda.

MAMÁ   Pero Martín, escúchame una cosa. No vas a ir a la boda de tu hermana en unos bluejeans y una camiseta. Así que vamos a comprar el traje y se acabó.

MARTÍN   Bueno, mamá... como tú digas.

Conversación 3

DEPENDIENTE   Señora, ¿cómo le queda esa blusa?

SEÑORA   Me queda bien, pero no me gusta el color. ¿No tienen ustedes esta misma blusa en un color más suave, más sofisticado?

DEPENDIENTE   Lo lamento, señora. Ése es el único color que nos queda de esa talla.

SEÑORA   Qué lástima.

Conversación 4

DEPENDIENTE   Señor, ¿cómo le quedan los pantalones?

SEÑOR   Me quedan bien, pero no me gusta la tela. ¿No tienen el mismo pantalón, pero de algodón?

DEPENDIENTE   Sí, creo que sí. ¿De qué color lo quiere?

SEÑOR   Gris, por favor.

Conversación 5

ROBERTO   Sonia, ¿cómo me queda la camisa?

SONIA   A ver... date la vuelta... Mmm... no sé, Roberto... Creo que te queda un poco grande.

ROBERTO   ¿Y hace juego?

SONIA   Sí, creo que hace juego con tu corbata, ¿verdad?

ROBERTO   Sí... pero no sé si la voy a comprar. ¿Por qué no regresamos más tarde?

Answers to Activity 19
1. b   2. a   3. b   4. a   5. b

TERCER PASO

Activity 24

Conversación 1

— Oiga, por favor... esta cama, ¿cuánto vale?

— Cien dólares, señor.

— ¿En cuánto me la deja?

— Señor, esa cama es muy valiosa. Es de madera muy fina y está en muy buenas condiciones.

— Le doy ochenta dólares, pero es mi última oferta, ¿eh?

— Lo siento señor, el precio es fijo.

Conversación 2

— Oiga, ¿qué precio tiene esta guitarra?

— Vale quinientos dólares.

— ¿Quinientos dólares? Me parece muy cara.

— Pues, es una guitarra clásica. La compré en España. Es casi nueva.

— ¿Me puede rebajar el precio un poco?

— Se la regalo por cuatrocientos cincuenta dólares, pero es mi última oferta.

— Bueno, eso sí es un buen precio. La compro.

Conversación 3

— ¿Qué precio tiene esta mesa, por favor?

— A usted se la doy por cuarenta dólares.

— ¿Cuarenta dólares? Me parece carísimo.

— Bueno, rebajo el precio a treinta y cinco, pero es mi última oferta.

— No gracias, todavía me parece bastante cara.

Conversación 4

— ¿Cuánto cuesta este vestido, por favor?

— Doscientos dólares. Es precioso, ¿verdad? Es de seda. Era de mi abuela.

— Sí, es muy bonito, pero... doscientos dólares es mucho. ¿Me puede rebajar el precio a ciento cincuenta?

— Bueno, pero sólo para usted.

— Entonces lo compro.

Conversación 5

— ¡Ay, mira!, juguetes de madera. Pero qué divinos. Son preciosos. ¿Cuánto cuestan?

— Cinco dólares cada uno.

— ¿Es el precio fijo?

— Sí, mi abuelo los hizo a mano.
— No me digas. Eso es una ganga. Bueno, quiero comprar estos dos.

Conversación 6

— Perdón, señor, Àme puede decir qué precio tiene esa lámpara?
— Esta lámpara es muy antigua. Cuesta cincuenta dólares.
— ¿Cincuenta? Me parece un poco caro...
— Pero señor.. es una original. Fue diseñada por un artista famoso. Además, está en buenas condiciones.
— ¿De veras?
— Sí y para usted, que sabe mucho del arte, se la regalo por sólo cuarenta.
— Muy bien, la compro. Gracias.

Answers to Activity 24

1. no 2. sí 3. no 4. sí 5. sí 6. sí

Activity 26

JOE	Oye, Jaime, ¿cómo se llama este mercado? ¡Es gigante!
JAIME	Es el mercado de La Lagunilla y es uno de los mercados al aire libre mås grandes: tiene de todo.
JOE	Ah, mira estos aretes de coral. Voy a comprar unos para mi mamá. ¿Cuånto valen los aretes, señorita?
MUJER	Treinta pesos.
JOE	Muy bien, aquí tiene, treinta pesos.
MUJER	Muchas gracias.
JOE	Adiós.
JAIME	Joe, ¿por qué aceptaste el primer precio? ¿Pagaste mucho! Oye, si quieres conocer la cultura mexicana, tienes que aprender a regatear. Mira, yo te enseño.
JAIME	¿Qué precio tiene la guitarra?
MUJER	Quinientos pesos. Es una ganga.
JAIME	Me parece muy caro. ¿Le ofrezco doscientos?
MUJER	Bueno, se lo puedo dar por cuatrocientos cincuenta.
JAIME	Doscientos cincuenta.
MUJER	Trescientos, pero es mi última oferta.
JAIME	Está bien, trescientos pesos.

Answers to Activity 26

1. cierta
2. falsa; Los precios no son fijos, se puede regatear.
3. falsa; Joe no sabe regatear.
4. falsa; La vendedora no le da un descuento.
5. falsa; Jaime compra la guitarra por trescientos pesos.
6. cierta
7. falsa; La última oferta es trescientos pesos.

REPASO

Activity 1

Conversación 1

ALICIA	Perdón, señor, ¿nos puede decir dónde está el Hotel Presidente?
HOMBRE	Sí, es muy fácil. Salgan de la plaza hacia el norte por la Calle Simón Bolívar. Doblen a la derecha y sigan dos cuadras hasta llegar a la calle Presidente Borrero. Doblen a la izquierda y el Hotel Presidente es el primer hotel a la derecha.
ALICIA	Muchas gracias, señor.

Conversación 2

RICARDO	Disculpe, señor, ¿sabe usted dónde queda el restaurante Claro de Luna?
HOMBRE	Sí. No está muy lejos. Salgan de la plaza hacia el este por la calle Luis Cordero. Doblen a la izquierda y caminen una o dos cuadras hasta llegar a la calle Gran Colombia. En esa calle doblen a la izquierda y el restaurante Claro de Luna es el segundo restaurante a la izquierda. No se pueden perder.
RICARDO	Gracias, señor. Adiós.

Conversación 3

ALICIA	Perdón, señor, ¿cómo se va al Banco de la Vivienda?
HOMBRE	Tengo un amigo que trabaja allí. Primero salgan de la plaza hacia el oeste por la calle Benigno Malo y doblen a la izquierda hasta llegar a la calle Mariscal Sucre. Doblen a la derecha en esa calle y caminen derecho casi seis cuadras hasta la calle Coronel Talbot. El banco está a la izquierda. Está bastante lejos. Es mejor tomar un taxi.
ALICIA	Bueno, señor, muchas gracias.

Answers to Repaso Activity 1

1. Sí, van a llegar al Hotel Presidente.
2. No, van a llegar al Restaurante Che Pibe.
3. Sí, van a llegar al Banco de la Vivienda.

Scripts *for* Additional Listening Activities

Additional Listening Activity 9-1, p. 71

1. ENTREVISTADORA A ver, Emilio. ¿Dónde queda el Museo de Arte Moderno?
   EMILIO El Museo de Arte Moderno queda al oeste de la catedral. En la calle Mariscal Sucre.
2. ENTREVISTADORA ¿Cómo se va al aeropuerto desde el Hotel Crespo?
   EMILIO Tome la avenida Honorato Vázquez y ahí lo va a encontrar.
3. ENTREVISTADORA ¿Dónde está el planetario?
   EMILIO Está cerca del estadio, en la Avenida Doce de Abril. No se puede perder.
4. ENTREVISTADORA ¿Cómo se va a las Ruinas de Todos los Santos desde el restaurante Claro de Luna?
   EMILIO Las ruinas están en la Calle Larga pasando el Museo de Artes Populares.
5. ENTREVISTADORA ¿Dónde está la Plaza Calderón?
   EMILIO La Plaza Calderón está en la Calle Larga, esquina con Vargas Machuca.

Additional Listening Activity 9-2, p. 72

1. EMILIO Buenos días, oficina turística, habla Emilio. ¿Está usted en la Casa de cultura? Ah, sí, el edificio que usted busca es muy fácil de encontrar. Tome la avenida Huayna Capac. Suba hacia el norte. Siga derecho hasta llegar a la calle Simón Bolívar. Allí, doble a la izquierda y cuando llegue a la calle Luis Cordero, el edificio queda a la derecha. Está en la esquina noroeste de Simón Bolívar y Luis Cordero.
2. EMILIO Buenos días, oficina turística, habla Emilio. ¿Desde el aeropuerto? Bueno, ¿adónde quiere ir usted? Ah sí, primero tome la calle Manuel Vega hacia el sur hasta que llegue a la calle Honorato Vázquez. Allí doble a la derecha y siga esa calle hasta llegar al Presidente Borrero. Entonces, doble a la izquierda y allí queda. No se puede perder.
3. EMILIO Buenos días, oficina turística, habla Emilio. Muy bien. Están en el Hotel Crespo, ¿sí? Ustedes pueden ir a pie. Está a dos cuadras de su hotel hacia el oeste. Caminando hacia el oeste, crucen la calle Presidente Borrero y Luis Cordero y queda a la izquierda.
4. EMILIO Buenos días, oficina turística, habla Emilio. ¿Adónde? Bien. No, ustedes van mal. Es un poco complicado. Tienen que subir por la calle larga hacia el noroeste hasta que lleguen a la avenida doce de abril. Crucen el puente que está a la izquierda y sigan la avenida hasta casi el final. La cúpula del edificio está a la derecha.

Additional Listening Activity 9-3, p. 72

RICARDO Con permiso, ¿me puede atender, por favor?
DEPENDIENTE Sí, joven. ¿Cómo le puedo servir?
RICARDO Busco un traje, para mí.
DEPENDIENTE ¿Cuál es su talla?
RICARDO Uso talla 38.
DEPENDIENTE ¿De qué color quiere el traje?
RICARDO De color oscuro, como azul marino o gris. ¿Qué me recomienda?
DEPENDIENTE Tenemos este modelo de lana, de color gris oscuro. Es un color que hace juego con casi todo. Los probadores están a la izquierda.
DEPENDIENTE ¿Cómo le queda, joven?
RICARDO Me queda bien. Me gusta mucho el color.
DEPENDIENTE ¿Necesita usted una corbata o una camisa?
RICARDO Sí, necesito una corbata. Me gusta la de rayas. Creo que hace juego con este traje.
DEPENDIENTE Muy bien. ¿Algo más?
RICARDO Por favor, ¿me puede decir dónde queda el departamento de zapatos?
DEPENDIENTE Siga derecho por este pasillo. Está al lado de la puerta de salida.
RICARDO Muchas gracias.

Additional Listening Activity 9-4, p. 73

1. MAMÁ Luisa, ¡Te ves guapísima con la blusa de lunares! ¿Por qué no te la pones?
   LUISA A mí me gusta más la blusa blanca.
   MAMÁ Sí, tienes razón. Y además, la blusa de rayas no hace juego con la falda.
   LUISA Sí. Y esta falda de cuadros está muy de moda.
2. MAMÁ Luisa, no me gusta esa blusa que te has puesto. Prefiero que te pongas la otra.
   LUISA ¿Por qué no te gusta, mamá?
   MAMÁ Te queda demasiado estrecha. ¿No te aprieta?
   LUISA No, está bien. Pero si insistes, me la cambio.
3. MAMÁ Luisa, ¿dónde conseguiste esa falda? Es horrible. ¿Crees?
   LUISA Lo que pasó fue que no tenía tiempo para probármela en la tienda. ¿Cómo me veo?
   MAMÁ Yo te veo muy mala. Esa falda de rayas te queda muy larga y no hace juego con esa blusa. Tampoco combinan los colores.

	LUISA	Tienes razón.
4.	LUISA	Mamá, ¿me puedes decir cómo me veo en este conjunto?
	MAMÁ	Guapísima, Luisa. Esa falda es un poco larga para mí pero de verdad te queda muy bien. Y me encanta esa blusa. ¿Está de moda?
	LUISA	Sí. Por eso la compré. Los colores sólidos están muy de moda.

Additional Listening Activity 9-5, p. 73

1.	RAÚL	Qué caro está todo. Mira, los abrigos para hombre a 650 pesos cada uno. ¡Es una fortuna! ¿Señora, me puede decir cuánto cuesta este abrigo?
	CAJERA	650 pesos, como dice la etiqueta.
	RAÚL	¿Me puede rebajar el precio?
	CAJERA	No. Aquí los precios son fijos.
2.	RAFAEL	Mira, las botas están en barata. Dos por una.
	RAÚL	Sí, a 900 pesos por dos pares de botas.
	RAFAEL	Perfecto. 450 pesos cada par de botas. ¿Dónde está la cajera? Me las quiero comprar.
	RAÚL	Ahí la veo. Está cerca de los probadores.
3.	RAFAEL	¿Señor, me puede decir cuánto cuesta este suéter?
	VENDEDOR	A usted se lo regalo por 140 pesos.
	RAFAEL	Bueno, me parece un poco caro. ¿En cuánto lo deja?
	VENDEDOR	¿Cuánto me ofrece?
	RAFAEL	100 pesos.
	VENDEDOR	Se lo doy por 120 pero me está robando.
	RAFAEL	¡Trato hecho!
4.	RAFAEL	¿Ya viste esos pantalones?
	RAÚL	Sí, pero creo que están muy caros.
	RAFAEL	Ni tanto. Son de lana.
	RAÚL	Sí, pero cuestan 180 pesos. No me gusta esta tienda porque es muy cara.
	RAFAEL	Tienes razón. Mejor después vamos al centro.
	RAÚL	¿Al centro? ¡No! Estoy cansado de caminar.
5.	RAFAEL	¿Qué precio tiene esta camisa?
	CAJERO	Cuesta 110 pesos.
	RAFAEL	Es muy bonita, aunque cuesta demasiado.
	CAJERO	¿Se la quiere llevar?
	RAFAEL	Bueno, ¿me puede rebajar el precio?
	CAJERO	Imposible señor. Si usted la quiere, tiene que pagar 110 pesos.

Additional Listening Activity 9-6, p. 73

1.	PERLA	¿Qué precio tienen las naranjas?
	VENDEDORA	Están a diez por tres pesos.
	PERLA	Está bien. Deme 20.
2.	PERLA	¿A cuánto están las manzanas?
	VENDEDORA	A dos cincuenta el kilo.
	PERLA	¿No me las deja por dos pesos el kilo?
	VENDEDORA	Bueno, de acuerdo, se las dejo a dos pesos.
	PERLA	Entonces, un kilo de manzanas también.
3.	PERLA	¿Cuánto valen los duraznos?
	VENDEDORA	Se los regalo por cuatro pesos el kilo.
	PERLA	¿Cuatro pesos? ¿Me puede rebajar el precio?
	VENDEDORA	No puedo señorita. El precio es fijo.
	PERLA	En ese caso, no los puedo comprar.
4.	PERLA	¿Y las fresas?
	VENDEDORA	A usted se las voy a dejar a 3.50 el kilo.
	PERLA	Ande, hágame un descuento. Ya llevo mucha fruta.
	VENDEDORA	Está bien, se las dejo en tres pesos.
	PERLA	Deme dos kilos, entonces.
5.	PERLA	¿Cuánto cuestan los melones?
	VENDEDORA	Dos por tres pesos, señorita.
	PERLA	¡Pero están muy chiquitos!
	VENDEDORA	Está bien, se los regalo a dos por 2.50.
	PERLA	Deme cuatro, entonces.
6.	VENDEDORA	¿Ya vio los plátanos? Están bien ricos.
	PERLA	¿A cómo me los va a dejar?
	VENDEDORA	Un peso el kilo.
	PERLA	Deme tres kilos.
	VENDEDORA	¿Qué más?
	PERLA	Es todo.

Answers to Additional Listening Activities

Additional Listening Activity 9-1, p. 71

1. a
2. b
3. a
4. a
5. b

Additional Listening Activity 9-2, p. 72

1. El restaurante Che Pibe
2. Hotel Crespo
3. Claro de Luna
4. El planetario

Additional Listening Activity 9-3, p. 72

1. c
2. a
3. b
4. b
5. a

Additional Listening Activity 9-4, p. 73

1. cierto
2. cierto
3. falso
4. cierto

Additional Listening Activity 9-5, p. 73

1. b
2. b
3. a
4. a
5. b

Additional Listening Activity 9-6, p. 73

1. a
2. b
3. c
4. b
5. b
6. a

PRIMER PASO

Activity 7

1. Aquella mañana de verano, Juan José caminaba por la playa en busca de sus amigos. Eran las siete y el cielo de la costa estaba despejado. "Va a ser un día soleado", pensó Juan José...
2. Hace mucho tiempo, en una isla de encantos vivía una niña que se llamaba Rosita. Un día, Rosita desapareció. Era un día nublado y triste, y se cuenta que la neblina cubría toda la isla...
3. Eran las cinco de la tarde. Llovía a cántaros. Uno de esos aguaceros típicos de la región. Ríos de agua corrían por las calles de Quito...
4. Don Rodrigo daba vueltas en su cama. Había una tormenta y los truenos y rayos no lo dejaban dormir. No era que tenía miedo, pues Don Rodrigo—todos saben—era un hombre valiente...

Answers to Activity 7
1. b
2. d
3. c
4. a

SEGUNDO PASO

Activity 15

1. Entonces, fuimos al parque para dar un paseo.
2. Hacía mucho sol ese día y había muchas personas en la calle.
3. Al final todos salieron.
4. Estaba lloviendo muy fuerte cuando Adriana se despertó.
5. Eran las 8:00 de la mañana y todos estábamos en la clase pero la profesora no se aparecía.
6. Así fue que no pude ir a la fiesta.
7. De repente sentí un ruido.
8. Un día, llegó una mujer muy rara.

Answers to Activity 15
1. la continuación
2. el principio
3. el fin
4. el principio
5. el principio
6. el fin
7. la continuación
8. la continuación

TERCER PASO

Activity 24

1. — ¿Te enteraste del accidente esta mañana?
   — Ay no, ¡cuéntame!
2. — Oye, ¿has oído que hay una fiesta en casa de Daniel el sábado?
   — No, cuéntame. ¿Quiénes van?
3. — Fíjate que Eduardo ganó el campeonato de tenis ayer.
   — ¡No, dime! ¿Hubo muchos heridos en el accidente?
4. — Hombre, ¿oíste lo que le pasó a Marcela?
   — No, cuéntame. Ella es muy amiga mía.
5. — Oye, ¿sabes que vamos a un restaurante mexicano para celebrar el fin del año escolar?
   — No lo creo. Nunca vamos a ninguna parte.
6. — ¿Te enteraste de lo que pasó en la clase de química?
   — No, dime. ¿Hubo otra explosión?
7. — Fíjate que no vamos a poder salir a comer al mediodía.
   — No me digas. Siempre sirven comidas tan buenas aquí.
8. — Oye, ¿te enteraste de la suerte de Chela?
   — No, cuéntame. ¿Está en el hospital?

Answers to Activity 24

1. sí
2. sí
3. no
4. sí
5. sí
6. sí
7. no
8. no

REPASO

Activity 1

1. Érase una vez un príncipe llamado Camilo. Camilo estaba enamorado de una muchacha que trabajaba en el campo. Ella era la persona más dulce, bella e inteligente que él había conocido. Pero sabía muy bien que su padre no iba a permitir que se casaran...
2. Se cuenta que era una noche en la cual había mucha niebla. La gente dormía tranquilamente en la bella capital argentina. Cuando se despertaron y la niebla empezó a quitarse, vieron que todos los monumentos de la ciudad ya no estaban. "¿Quién se llevó los monumentos?" preguntó el presidente...
3. Hace mucho tiempo, en una isla caribeña, vivía un pirata con su loro. Un día, el pirata estaba aburrido, y entonces se fue en busca de aventura. Construyó un barco de vela y navegó rumbo a Venezuela...
4. Era una noche oscura y había una tormenta. Yo estaba en mi oficina pensando en mi caso anterior. De repente alguien tocó a la puerta. Era una mujer con un vestido negro, un sombrero grande y unos guantes largos. Quería encontrar a su esposo y necesitaba mi ayuda...
5. Se cuenta que era un día despejado y soleado. Don Manuel, mecánico de profesión, observaba cómo los niños se divertían en la montaña rusa. De pronto, oyó un ruido como un trueno. Miró hacia arriba y vio que uno de los carros había perdido control. Todos gritaban...

Answers to Repaso Activity 1

1. c
2. d
3. a
4. e
5. b

Scripts for Additional Listening Activities

Additional Listening Activity 10-1, p. 79

Buenos días. Éste es el boletín meteorológico para el nueve de julio. Aquí en Buenos Aires, la capital del país, hace frío y está nublado. Ayer nevó dos centímetros. La temperatura va a bajar hasta los 10 grados esta noche. En Córdoba, sigue nublado. Ayer hubo lluvias intermitentes y temperaturas entre 10 y 15 grados. En Mendoza está despejado, pero con mucho viento y frío. Y en Bariloche cerraron varias carreteras ayer debido a la niebla tan densa. ¡Pobres esquiadores! Los viajeros no pudieron llegar a las estaciones de esquí en todo el día. Hoy hay una visibilidad de sólo unos metros, y hay temperaturas entre cero y 5 grados.

Additional Listening Activity 10-2, p. 79

JUANITO   Hace mucho tiempo había un bosque muy grande y hermoso. Un día Ricitos de Oro decidió pasearse por el bosque. Los pájaros cantaban y las flores eran tan bonitas que Ricitos se olvidó de mirar el camino y se perdió...

MARIO   Cada vez que Rogelio se dormía soñaba con lo mismo. Se enamoraba de una chica bonita, se casaban y se iban de vacaciones a una playa tropical. Pero le parecía pesado este sueño tan bonito, porque siempre terminaba de la misma manera. Al despedirse de su esposa para regresar al trabajo, se rompía un vaso, siempre el mismo vaso, y Rogelio se despertaba seguro que algo malo iba a pasar...

CARMEN   Érase una vez una gatita que vivía en la calle. Tenía hambre y se sentía mal. Todos los días los niños jugaban en la misma calle y la gatita quería jugar con ellos, pero ellos no le prestaban atención a la gatita que se quedaba detrás de un carro. Se cuenta que un día nublado los niños estaban jugando cuando cayó un rayo. El trueno asustó a los niños y todos empezaron a...

Additional Listening Activity 10-3, p. 80

SERGIO   Hace mucho tiempo, un enano y un hada madrina estaban peleando cuando de repente vieron a un hombre que iba caminando por la carretera. Como hacía mucho frío ese día, el hombre llevaba un abrigo. Entonces, dijo el enano, "Ésta es la oportunidad para saber quién tiene más fuerza. Vamos a ver cuál de los dos puede hacer que ese hombre se quite el abrigo." "De acuerdo," dijo el hada madrina. En seguida, el enano respiró con toda su fuerza. De repente llegó un viento tan fuerte que el hombre casi perdió el abrigo. Pero el hombre cerró todos los botones del abrigo y no se lo quitó. El enano, furioso, le dijo al hada madrina, "Ahora te toca". El hada madrina sonrió y movió su varita mágica y subió por el cielo hasta llegar al sol. "O Sol, príncipe del cielo", dijo el hada madrina, "hace mucho frío allá en la Tierra. ¿No queréis regalarnos un poco de tu calor?" De repente, el cielo estaba despejado y hacía calor. El hombré empezó a sudar, así que se quitó el abrigo. El enano gritó "¡Ladrona, le robaste el calor al gran sol!" Pero el hada madrina contestó, "Nada de ladrona. El sol me regaló su calor porque no soy tan antipático como tú". Y al final, el hada madrina le ganó al enano y el hombre siguió caminando con el abrigo en la mano.

Additional Listening Activity 10-4, p. 80

PACO   Jaime, no me lo vas a creer pero ayer soñé con un OVNI.

JAIME   Cuéntame, Paco. ¿Qué pasó en tu sueño?

PACO   Era de noche. Yo iba en el coche en la carretera. De repente, vi algo. Creí que era una estrella muy muy brillante en el cielo. Entonces tuve que bajarme del coche porque la luz de la estrella era muy fuerte, como la de un rayo. Salía de mi coche cuando vi que un OVNI ya estaba en la tierra. Del OVNI salieron unos extraterrestres muy simpáticos. Dijeron que venían de otra galaxia, de un planeta que se llamaba Roconia. Me hice buen amigo de ellos y me subí a su nave espacial. Al final, ellos encendieron el motor de su nave con un sonido que me asustaba.

JAIME   ¿Y qué pasó después, Paco?

PACO   Me desperté y entendí que el sonido de la nave era de mi reloj despertador. Ni hablar.

Additional Listening Activity 10-5, p. 81

1. JAVIER   ...Fíjate, oí que Estrellita Gálvez se enamoró locamente del hijo del alcalde. ¿Tú crees? Dicen que pronto se van a casar.

2. MARÍA   ¿Te enteraste que a Carlos le fue mal en el examen de matemáticas? Está bastante preocupado y dice que sus padres se van a poner furiosos. ¡Qué pena!

3. PABLO   La señorita Estrellita Gálvez se casó hoy con el joven Gustavo Alférez, hijo del honorable alcalde de esta ciudad...

4. ADELA   ...Debido al accidente automovilístico en la carretera 41, hay muchos problemas, con demoras de más de 45 minutos. Nos informan que ya llevaron varias víctimas al hospital.....

5. JAVIER   Hace mucho tiempo que el gobierno rompió relaciones con Bislandia y ahora se cuenta que van a hacer las paces otra vez.

Additional Listening Activity 10-6, p. 81

1. RICARDO   Me dijo Rafa que se iba a mudar a otra ciudad. Parece que sus padres consiguieron trabajo allí.

   ADRIANA   No me digas... ¡qué pena! No lo puedo creer.

2. RICARDO   Oye, me llamó Pablo anoche para contarme que ya rompió con Anita.

   ADRIANA   ¿De veras? ¡Cuéntamelo todo!

3. RICARDO   Parece que los padres de Teresa le compraron un coche deportivo nuevo.

   ADRIANA   ¡N'ombre! ¡No lo puedo creer! ¿A Teresa?

4. RICARDO   Escucha lo último de Antonio. Parece que ya es jefe en el restaurante. Siempre llegaba temprano al trabajo y a veces iba todos los días de la semana.

   ADRIANA   Bueno, no me extraña. Ya sabemos que Toño es muy trabajador.

Answers to Additional Listening Activities

Additional Listening Activity 10-1, p. 79

    1. no
    2. sí
    3. sí
    4. sí

Additional Listening Activity 10-2, p. 79

    1. b
    2. c
    3. a

Additional Listening Activity 10-3, p. 80

  5 El hombre se quitó el abrigo.
  1 Un enano y un hada madrina charlan tranquilamente.
  3 El enano respiró con toda su fuerza.
  2 Un enano y un hada madrina quieren saber quién es más fuerte.
  4 El sol brilló con toda su fuerza.

Additional Listening Activity 10-4, p. 80

  3 OVNI en tierra
  1 ir en coche
  5 el despertador suena
  4 subir a la nave espacial
  2 ver una luz fuerte

Additional Listening Activity 10-5, p. 81

    1. chisme
    2. chisme
    3. noticia
    4. noticia
    5. noticia

Additional Listening Activity 10-6, p. 81

    1. b
    2. c
    3. a
    4. c

PRIMER PASO

Activity 7

1. Lo malo es que en todas partes sufrimos de la contaminación del aire. Pero en algunas ciudades como Denver el uso de nuevos productos está mejorando la calidad del medio ambiente.
2. Para mí la contaminación del agua es uno de los problemas más graves. En efecto, hay ríos y lagos que están muertos.
3. Yo creo que la crisis de la energía no existe realmente. Para mí el sistema funciona muy bien.
4. Otro problema grave es la destrucción de la capa de ozono. No lo sentimos, pero el efecto es alarmante. Cada vez hay más casos de cáncer.
5. Estamos preocupados por la Tierra y gracias a los esfuerzos de muchos grupos, más gente está colaborando para evitar los problemas del medio ambiente. ¡Lo bueno es que sí, todos podemos hacer algo para mejorar la situación!

Answers to Activity 7
1. mejor
2. grave
3. no hay problema
4. grave
5. mejor

SEGUNDO PASO

Activity 17

TERESA Me llamo Teresa Torres. Soy ingeniera de sistemas de tráfico. Uno de los problemas más graves en esta ciudad es que hay demasiados automóviles. Por consiguiente tenemos mucha contaminación del aire.

MIGUEL Soy Miguel Rodríguez. Trabajo para el municipio. Hoy en día estamos reciclando muchas cosas del plástico, por eso es importante recordar que no debemos tirar las botellas de plástico a los lagos o a los ríos.

ANDRÉS Me llamo Andrés Villarreal. Soy biólogo. La contaminación del agua es uno de los problemas más graves, por consiguiente es necesario pensar un poco cuando estamos en la playa. Es nuestro deber tratar de salvar a las ballenas y los delfines. Necesitan protección contra la extinción.

LAURA Mi nombre es Laura Castañeda. Trabajo en el aeropuerto internacional. El ruido de los aviones, del tráfico de autos y autobuses y de las máquinas maleteras nos causa mucha tensión. Por lo tanto debemos tratar de mejorar la situación.

Answers to Activity 17
TERESA: d
MIGUEL : a
ANDRÉS: b
LAURA: c

Activity 20

1. — Yo creo que deben construir las fábricas en otras partes del país.
   — Eso es lo que dicen y yo estoy de acuerdo, pero mucha gente quiere vivir en la capital.
2. — Es imposible usar el sistema de transporte público y por eso necesito manejar mi coche todos los días.
   — Bueno, no sé. Todo depende de tu trabajo y adónde vas.
3. — Me parece que la contaminación ha disminuido. Puedo ver las nubes y el cielo.
   — Sí, tienes razón, pero no es necesario ver la contaminación para saber que existe.
4. — Creo que ayuda a mejorar el ambiente quitar los carros de las calles un día de la semana.

— ¡Qué va! Cada día hay más coches. La gente compra dos o tres coches en vez de uno.
5. — Me parece que los estudiantes saben mucho del problema de la contaminación.
— ¡Claro que sí! En los colegios empiezan a estudiar el problema ecológico desde la niñez.
6. — Creo que debemos ir a vivir a otra ciudad.
— ¡Te equivocas! Tenemos que corregir el problema aquí primero.
7. — No es posible eliminar la contaminación, por lo tanto tenemos que sufrir las consecuencias.
— No tienes razón. Si todos colaboramos, podemos cambiar la situación poco a poco.

Answers to Activity 20
1. está de acuerdo
2. no está de acuerdo
3. no está de acuerdo
4. no está de acuerdo
5. está de acuerdo
6. no está de acuerdo
7. no está de acuerdo

TERCER PASO

Activity 25

1. ...usar más el transporte público en vez de manejar los coches.
2. ...reciclar cosas como aluminio o periódicos porque hay suficientes recursos naturales.
3. ...caminar o montar en bicicleta para ahorrar gasolina y bajar un poco la contaminación del aire.
4. ...eliminar el reciclaje de basura en las ciudades grandes.
5. ...conservar las selvas tropicales porque afectan la vida de todo el mundo.
6. ...cambiar nuestro estilo de vida.

Answers to Activity 25
1. b
2. a
3. a
4. a
5. a
6. b

REPASO

Activity 1

Ayer el doctor Raúl Silas Rodríguez habló en nuestro Club Ecológico. La reunión, en la sala de la señora Vargas, maestra de biología, empezó a las tres y media con los anuncios del club y la presentación del conferencista. El doctor Silas habló de la importancia del reciclaje de basura, los productos que se hacen de materiales reciclados, y lo que nosotros podemos hacer para colaborar. El doctor Silas nos dijo que si no procesamos más basura, vamos a tener que vivir debajo de toneladas de basura que no se descompone. Dijo que tenemos que empezar a comprar productos hechos de materiales reciclados, productos no empacados, y que tenemos que buscar nuevas maneras de usar los productos que compramos. El doctor Silas dijo que en el colegio, todo podemos colaborar, usando menos papel, escribiendo en todo el papel, y cuando lo tiremos, que lo mandemos a reciclar. Los miembros sirvieron refrescos después. La próxima reunión es el 15 de mayo, cuando vamos a presentar un plan para limpiar el colegio.

Answers to Repaso Activity 1
1. el doctor Raúl Silas Rodríguez
2. los problemas ambientales
3. El doctor Silas dijo que si no procesamos más basura, vamos a tener que vivir debajo de toneladas de basura que no se descompone.
4. Dijo que tenemos que empezar a comprar productos hechos de materiales reciclados, productos no empacados, y que tenemos que buscar nuevas maneras de usar los productos que compramos.

Additional Listening Activity 11-1, p. 87

ANA   Todos estamos preocupados por el futuro de la tierra. Por eso tenemos que conocer primero qué problemas ambientales podemos ayudar a corregir. Paco, ¿cuál crees que es uno de los problemas ambientales más graves?

PACO   Yo estoy preocupado por la contaminación del aire. Cada vez hay más smog y menos aire puro.

ANA   A ver Gloria, ¿cuál crees tú que es el problema ambiental más importante?

GLORIA   Hay demasiada contaminación del mar. Lo malo es que la solución no es fácil.

ANA   Lourdes, ¿tú qué dices?

LOURDES   La basura es un problema importante. Tiramos muchos plásticos y químicos.

LOURDES   ¿Y tú Ana? ¿Cuál crees que es el problema ambiental más importante?

ANA   Yo creo que el problema más importante es el desperdicio del petróleo y otros combustibles.

LOURDES   Y tú, Justo, ¿qué crees? ¿No podemos hacer nada para mejorar la situación?

JUSTO   Bueno, yo sé que a veces parece que el sistema no funciona. Pero creo que tenemos que trabajar juntos con todas las personas en la comunidad para encontrar la solución.

Additional Listening Activity 11-2, p. 87

1.   CARLOS   Oye Juan, ¿leíste el periódico? Descubrieron cinco cóndores muertos. Parece que hay demasiados insecticidas en el medio ambiente.

    JUAN   Claro que leí la noticia, y estoy de acuerdo que es uno de nuestros problemas más graves. Pero nadie sabe qué hacer. Los cóndores y las águilas van a desaparecer en pocos años.

2.   CARLOS   Pero si no queremos usar tantos químicos, Juan, ¿cómo podemos encontrar una solución al problema de los insectos?

    JUAN   Bueno, podemos proteger especies como los murciélagos, que comen muchísimos insectos cada noche.

3.   CARLOS   Beto, vi un programa en la televisión acerca de las diferentes especies en el mar. Dice que las ballenas y los delfines van a desaparecer en pocos años. ¿Qué piensas?

    BETO   Ay, Carlos. Miras mucha televisión. Nadie se preocupa por esas cosas. A nadie le interesa. Mejor ve otros programas.

4.   CARLOS   Fíjate, Angelina, que ayer escuché en la radio que la contaminación del aire es un problema muy importante. Cada vez hay más tránsito. La gente debe dejar de usar el carro, ¿no crees?

    ANGELINA   Por supuesto que no. Lo malo es que nadie puede dejar de usar el carro. Además, ninguno de nosotros puede hacer nada para mejorar el problema de la contaminación.

5.   CARLOS   Para ti, Carolina, ¿cuál es el problema más grave del medio ambiente?

    CAROLINA   Para mí, es el problema de la capa de ozono. Si no hacemos algo, ¡no vamos a poder ir a la playa!

Additional Listening Activity 11-3, p. 88

ANA   Compañeros estudiantes. Mi nombre es Ana Cárdenas. Yo soy presidenta del Comité de Estudiantes para Conservar el Medio Ambiente. Yo creo que hay muchos problemas que nosotros los jóvenes podemos ayudar a enfrentar y por lo tanto quiero llegar a ser presidenta del Consejo Estudiantil.

ANA   Por ejemplo, es urgente evitar la destrucción de las selvas tropicales. Si no dejamos de desperdiciar los recursos naturales, las selvas van a desaparecer en poco tiempo. Por consiguiente, debemos reciclar el papel periódico y también el papel de nuestros cuadernos. Por eso, el comité en pro del medio ambiente trabaja para separar la basura que, como el papel, podemos reciclar.

ANA   La contaminación del aire es otro problema urgente que podemos ayudar a resolver. Cada vez hay más estudiantes que usan automóviles para venir al colegio, por consiguiente hay más contaminación del aire. Por lo tanto, el comité organizó la campaña del uso colectivo del automóvil que llamamos: "Viaja con tus amigos a la escuela".

ANA   Si todos trabajamos juntos, podemos hacer mucho en favor del medio ambiente y ustedes también pueden hacer su parte. ¡Cuidemos las selvas tropicales! ¡Ayudemos a mantener el aire puro! ¡Conservemos energía! ¡Trabajemos juntos por un mundo mejor! Gracias.

Additional Listening Activity 11-4, p. 88

1. **JORGE** Oye Daniel, ¿crees que la gente no hace nada para proteger el medio ambiente?
   DANIEL ¡Al contrario! Me parece que la gente hace bastante.
2. **JORGE** Debo poder usar el carro cuando quiera, ¿no? Después de todo el carro es mío. Cada persona debe decidir cuándo usarlo, ¿no crees, Socorro?
   SOCORRO No estoy de acuerdo. Yo no lo creo así. El carro es tuyo pero la ciudad es de todos nosotros y todos debemos hacer algo para cuidarla.
3. **JORGE** La tortuga marina es un animal bellísimo, ¿no crees, Roberta?
   ROBERTA Sin duda alguna. Tienes razón. Yo no sé por qué no la dejan vivir en paz.
4. **JORGE** Oye Paco, yo creo que deben proteger el oso pardo porque está en peligro de extinción.
   PACO ¡Claro que sí! Mira, los osos pardos son unos animales muy bonitos y tienen derecho a vivir.
5. **JORGE** ¿Sabes, Támara? Es peligroso pescar en los lagos y ríos porque los peces no son sanos.
   TÁMARA Sin duda alguna nuestros lagos y ríos están en una crisis bastante grave.
6. **JORGE** Tengo una amiga que dice que la naturaleza es para el hombre y debemos usar sus recursos. ¿Usted qué piensa, señora Álvarez?
   SRA. ÁLVAREZ Hasta cierto punto estoy de acuerdo. Pero si la naturaleza es de nosotros también somos responsables de cuidarla.

Additional Listening Activity 11-5, p. 89

ECOMALO Ja, ja, ja, ja. Estoy muy contento, Ecobueno. La familia Martínez no sabe que a todos les toca proteger el ambiente. El joven Ricardo no apagó la luz de su cuarto para ahorrar energía.

ECOBUENO Lo siento, Ecomalo, pero no es así. Ricardo sabe que es importante conservar energía y por eso va a apagar la luz...¿Lo ves?, ahora regresa al cuarto.

ECOMALO Ahora ve a Lupita en el cuarto de baño. Ella está lavándose los dientes y el agua de la llave está desperdiciándose. Ja, ja, ja, ja, ja.

ECOBUENO Tienes razón, Ecomalo. Pero también veo que Silvia, la mamá de Lupita, va al cuarto de baño. ¿Ves?...ella cerró la llave del agua y está explicándole a Lupita que es necesario cambiar su estilo de vida.

ECOMALO El papá, don Roberto Martínez, está en la cocina tirando la lata del refresco en el bote de basura, con todo lo demás. Ja, ja, ja, ja.

ECOBUENO ¡Te equivocas, Ecomalo! Don Roberto no vio el bote de reciclar...pero ahora ya se dio cuenta que está junto al refrigerador. ¿Lo ves?...ya está poniendo la lata de aluminio en el bote de reciclar para conservar los recursos y mantener limpia la casa.

ECOMALO ¿Sabes qué Ecobueno? Tú te puedes quedar viendo a la familia Martínez y yo me voy a buscar otra familia.

Additional Listening Activity 11-6, p. 89

LIDIA Bienvenidos amigos al programa "Manos a la obra". Hoy vamos a entrevistar a María Alanís, la presidenta del Grupo Ecologista de San Benito, en el sur de California. María, sabemos que a todos nos toca hacer algo para proteger la naturaleza, pero queremos saber ¿qué ha hecho tu grupo para proteger el medio ambiente?

MARÍA Mira. Primero, hicimos una campaña para promover el ahorro de agua. Es importante ahorrar todos nuestros recursos naturales.

LIDIA Aquí es especialmente urgente el problema del agua, ¿verdad? La situación es terrible.

MARÍA Sí, pero no hay que desesperarse. Podemos resolver los problemas si trabajamos juntos. Por ejemplo ya hay menos químicos en el Lago Aguadulce y los peces están más sanos.

LIDIA También trabajaron en una campaña de reforestación en el Valle Grande, ¿verdad?

MARÍA Sí, luego hicimos una campaña para sembrar árboles en el valle. Más de 200 personas nos ayudaron a sembrar 500 árboles nuevos.

LIDIA ¡Eso es! A todos nos toca hacer algo. Y todos podemos vivir mejor si sembramos más árboles.

MARÍA Finalmente, hicimos una campaña para reciclar las latas de aluminio. Cada semana reciclamos más de 1,000 latas de aluminio.

LIDIA Muchas gracias, María. Y ustedes, amigos que nos escuchan, ¿qué hacen por el medio ambiente? ¡Trabajemos juntos para un futuro mejor! Se despide de ustedes, Lidia Ayala.

Answers to Additional Listening Activities

Additional Listening Activity 11-1, p. 87

	contaminación del mar	smog	desperdicio del petróleo	basura
Paco		X		
Ana			X	
Lourdes				X
Gloria	X			

Additional Listening Activity 11-2, p. 87

1. b
2. c
3. a

Additional Listening Activity 11-3, p. 88

1. a
2. c
3. c

Additional Listening Activity 11-4, p. 88

está de acuerdo	nombre	no está de acuerdo
	Daniel	X
X	Socorro	
	Roberta	X
X	Paco	
X	Támara	
X	Sra. Álvarez	

Additional Listening Activity 11-5, p. 89

1. b
2. a
3. b
4. c

Additional Listening Activity 11-6, p. 89

1. b
2. c
3. a

PRIMER PASO

Activity 8

El verano pasado lo pasé bastante bien. Fui a Los Ángeles con mi familia. Tenemos unos parientes allí y nos quedamos en su casa cerca del mar. Me hice amiga de una chica que se llama Angélica que me enseñó a hacer el esquí acuático y a montar en tabla de vela. Estos deportes parecen sencillos, ¿verdad? ¡Pues, no! Son bastante difíciles. Angélica es muy linda... y es muy afortunada. Ella se enamoró de un tipo que se llama Willy, pero tú sabes, a mí por ahora no me interesan los asuntos románticos.

En junio busqué un empleo pero no encontré nada. Tal vez fue lo mejor, porque así tuve tiempo de tomar una clase de verano. Este año me toca sacar mi licencia de manejar.

Answers to Activity 8
1. Los Ángeles
2. con unos parientes, cerca del mar
3. hacer el esquí acuático y a montar en tabla de vela
4. Angélica
5. Buscó pero no encontró
6. Angélica

Activity 11

El primer día no hice nada porque estaba agotada por el viaje. Al día siguiente visitamos las misiones por la mañana y por la tarde fuimos a la playa. El tercer día fui al centro con mi tía. ¡Pasamos el día entero comprando recuerdos!, ¿lo crees? Dos días después fuimos a Tijuana y los pasamos muy bien. ¡Qué ciudad más interesante! Ah, y el día anterior salimos de excursión a las montañas. San Diego me gustó mucho y la próxima vez quiero pasar un mes entero allí.

Answers to Activity 11
1. visitó las misiones
2. fue a la playa
3. compró recuerdos
4. fue de excursión a las montañas
5. fue a Tijuana
El viaje terminó el 21 de julio.

SEGUNDO PASO

Activity 17

Hace poco fui a visitar a mi amiga Consuelo y me divertí mucho. Conocí a muchas personas allá. La acompañé un día al colegio y ella me presentó a la directora. Me pareció buena gente pero demasiado formal; no me cayó muy bien. Por el contrario, Guadalupe, la hermana de Consuelo, sí. Contaba chiste tras chiste, ¡qué graciosa! Y sus padres son encantadores. Me trataron como si yo fuera hija suya. Hicieron una fiesta de despedida el último día de mi visita y ¡echaron la casa por la ventana! Ay, ¿pero sabes lo que pasó? Ellos viven en un apartamento y durante la fiesta vino el vecino para quejarse del ruido que había. Claro que había mucho, con la música, la conversación y las carcajadas, pero así son las fiestas más divertidas, ¿no? La verdad es que él no se lleva muy bien con ellos, es demasiado quejoso. Pero el vecino del otro lado, el señor Montemayor, es muy amigo de la familia. Estuvo en la fiesta bailando con todas. Es un verdadero tipazo.

Answers to Activity 17
la directora del colegio: mal
Guadalupe: bien
los padres de Consuelo: bien
el vecino de Consuelo: mal
el señor Montemayor: bien

Activity 20

— Mi ciudad es padrísima. Los fines de semana nos encanta ir al río. Hay restaurantes y cafés donde te puedes sentar para pasar un rato platicando y mirando la gente.

— Vivo en una ciudad pequeña y muy antigua. Se encuentra en un gran llano sin colinas. Además, es muy seca y hace mucho viento aquí.

— Vivo en las montañas. No hay mejor sitio para mí porque me fascina el alpinismo. En cuanto al clima, casi siempre hace frío y tenemos que abrigarnos bien.

— Mi tierra es preciosa. Hay muchos bosques verdes y bonitos porque llueve todos los días por la tarde. Estamos cerca del mar también. Aquí tenemos lo mejor de todo.

Answers to Activity 20
1. b   2. d   3. a   4. c

TERCER PASO

Activity 26

GLORIA   Hola, Carmiña. ¿Qué tal? ¿Cómo has estado?
CARMIÑA   Bien, gracias, Gloria. Lo pasé muy bien en Miami. Cuando tenga un poco de dinero ahorrado, voy a volver a la Florida para pasar un mes entero.
GLORIA   Qué lindo. Oye, ¿quieres ir a la playa mañana?
CARMIÑA   Bueno, me parece fantástico. Por cierto, mañana les voy a contar todo. Tengo muchas fotos de Miami que quiero enseñarles.
GLORIA   ¡Fantástico! Nos reunimos con los demás en la playa a eso de la una. Pero, Carmiña, ¿qué vamos a hacer este verano además de ir a la playa?
CARMIÑA   ¿Sabes qué? El mes que viene pienso tomar una clase de buceo. ¿Quieres tomarla conmigo? Sería bastante divertida, ¿no te parece?
GLORIA   Sí, es una buena idea. ¿Pero por qué no la tomamos durante la última semana de agosto cuando hace mucho calor?
CARMIÑA   No, tengo que empezar más temprano. Para fines de agosto necesito prepararme para las clases. El año que viene quiero sacar muy buenas notas.

Answers to Activity 26
1. a   2. b   3. b   4. d   5. e

REPASO

Activity 1

Mi viaje a California fue fabuloso. Llegué a San Diego el quince de julio a las diez de la noche para pasar dos semanas en casa de Ignacio. El día siguiente nos quedamos en casa planeando lo que íbamos a hacer. El día diecisiete Ignacio empezó a enseñarme la ciudad de San Diego. Primero, visitamos el centro de la ciudad. Al día siguiente fuimos a Mission Bay Park para nadar. Pasamos el día entero en la playa. Dos días después fuimos al zoológico. No puedes imaginarte lo grande que es. Tienen animales de todas partes del mundo. El 22 de julio visité la Universidad de California en San Diego y me gustó mucho. ¡Ay! Se me olvidaba. El día anterior fui a la isla de Coronado donde hay un hotel precioso. Pasamos los últimos siete días en un camping para jóvenes. Lo pasamos de película. Montamos a caballo y exploramos las montañas. Si quieres unas vacaciones inolvidables, te recomiendo San Diego. Te encantaría.

Answers to Repaso Activity 1
1. el 16 de julio
2. el 18
3. el 17
4. el 29
5. el 20
6. el 22
7. el 21

Scripts for Additional Listening Activities

Additional Listening Activity 12-1, p. 95

1. **BETO** Hola Arturo. Acabo de regresar de mis vacaciones en Sevilla. Oye, ¿qué noticias tienes de los compañeros?
   ARTURO Tú no sabes, pero hay muchas noticias aquí. ¿Sabías que Ana rompió con Enrique?
   BETO ¡No lo puedo creer! Después de un año y medio. Enrique debe estar muy triste, ¿no?
   ARTURO Ni tanto. No lo vas a creer, pero ahora Enrique y Silvia andan juntos.
   BETO ¿De veras? Y Silvia es la mejor amiga de Ana, ¿no?
   ARTURO Sí, pero ahora ellas dos ya no se hablan. Y lo peor es que Ana echa de menos a Enrique. No sé por qué.
2. **BETO** ¡Qué barbaridad! ¿Y qué me cuentas de César? ¿Sabes si todavía trabaja?
   ARTURO Sí, sí. Sigue trabajando muy duro en el supermercado. Tú sabes que tiene que ayudar a su familia.
   BETO Oye, ¿y Chema?
   ARTURO Chema pasó el verano tocando con un grupo de música en la peña El Sapo Cancionero.
   BETO ¡Guau! Entonces ya es un artista.
   ARTURO Sí. ¿Por qué no vamos a la peña el viernes? ¿Vale?
   BETO ¡Vale!

Additional Listening Activity 12-2, p. 95

1. **REBECA** Rosa, ¿adónde fuiste para las vacaciones?
   ROSA Fuimos a Matamoscos.
   REBECA ¿Y qué tal te fue?
   ROSA Ay, Rebe, me divertí muchísmo. Pasé una semana entera en la playa.
   REBECA ¿Y qué hiciste?
   ROSA Mira, el lunes buscamos primero un hotel en la costa, cerca del mar. Luego, el martes nos metimos todo el día al mar. Sólo salimos para comer y nos dormimos muy temprano esa noche.
2. **ROSA** Al día siguiente hicimos una excursión a la Isla Diamante. Ahí pasamos dos días y el viernes regresamos al hotel de la costa y fuimos a pescar a la Laguna Serena. El sábado lo pasamos montando en tabla de vela. ¿Y tú qué hiciste?
3. **REBECA** ¿Yo? No hice nada.
   ROSA ¿Cómo que nada?
   REBECA Bueno, me quedé en casa. Iba a pasar tres días en un albergue juvenil en Altapeña comenzando el jueves, pero el día anterior encontré un empleo cuidando a los hijos de unos parientes aquí.
   ROSA Entonces no pasaste una semana muy divertida.
   REBECA No es cierto. El jueves conocí a una persona muy especial que vive cerca de mis sobrinos y me hice amiga de él. Se llama Camilo Fuentes.
   ROSA ¿Camilo Fuentes? ¡No lo vas a creer, pero es mi primo!

Additional Listening Activity 12-3, p. 96

1. **IRMA** ¿Qué te pareció, Lucila?
   RUBÉN Lucila me cae muy bien, es muy buena gente. Ella siempre traía dulces y galletas para todos en el autobús.
   IRMA ¿Y Efrén? ¿Qué tal Efrén?
   RUBÉN Ese tipo es muy mala onda. Me cayó muy mal. Pasó toda la semana contando chismes de los demás.
2. **IRMA** ¿Y te cayó bien Sandra?
   RUBÉN Más o menos. Me llevo bien con ella pero no la conozco muy bien. Es un poco solitaria.
   IRMA ¿Qué pensaste de Minerva?
   RUBÉN Oye, quedé muy impresionado con Minerva. ¡Qué chica más inteligente! Con ella creo que podemos ganar la competencia.
3. **IRMA** ¿Y Gonzalo?
   RUBÉN ¿Gonzalo? Pues, un poco consentido e impaciente, pero no es tan maleducado como algunos dicen.
   IRMA ¿Y qué te pareció el señor Ginaster?
   RUBÉN Es un gran tipo. Fue muy paciente y bondadoso con nosotros. Y también es muy gracioso. ¡Cuenta muchos chistes!

Holt Spanish 2 ¡Ven conmigo!, Chapter 12

Additional Listening Activity 12-4, p. 96

1. **CARLOS** Buenas noches. Bienvenidos a su programa Descubriendo América. Les habla Carlos Quintero desde Sevilla. Esta noche vamos a entrevistar a Manolo Salvatierra, director de fotografía de la revista mensual *América Desconocida*. Manolo acaba de regresar de un viaje por Sudamérica. Oye, Manolo, ¿qué te gustó más?

   MANOLO Mira, quedé muy impresionado con Perú. Lima, la capital, me pareció lindísma. En Perú hay de todo: montañas, costa, selva tropical. Las ruinas de Macchu Pichu son bellísimas. Están rodeadas de montañas misteriosas e impresionantes.

2. **CARLOS** ¿Y Chile?

   MANOLO Chile tiene unos paisajes muy bonitos, pero en Santiago, la capital, hace bastante frío.

3. **CARLOS** ¿Y qué me dices de Argentina?

   MANOLO De Argentina, quedé muy impresionado con Buenos Aires. Es una ciudad cosmopolita y muy bonita. Parece una ciudad europea.

   CARLOS Muy bien amigos, hasta aquí su programa Descubriendo América. Se despide de ustedes, Carlos Quintero. Hasta pronto.

Additional Listening Activity 12-5, p. 97

1. **MARIANA** [Thinking] Pronto va a empezar el verano, ¡qué alegría! Cuando termine las clases, voy a ir de vacaciones a San Diego.

   JUAN [Whispering] Maaariaaaanaaaa.

   MARIANA [Thinking] Huy, y cuando tenga más dinero el año que viene, voy a pasar unas largas vacaciones en Europa. Para fines de mayo, debo tener suficiente dinero con mi nuevo empleo.

   JUAN [Whispering] Maaariaaaanaaaa. Despieeeeertaaaa.

2. **MARIANA** [Thinking] Caramba, se me olvidan las vacaciones de diciembre. Cuando llegue mi prima Antonia, vamos a ir juntas a Albuquerque.

   JUAN [Whispering] Maaariaaaanaaaa. Despieeeeertaaaa.

3. **MARIANA** ¿Eh?

   JUAN Despierta, Mariana. Ya terminó la clase de geografía. Estoy seguro que no escuchaste nada, ¿verdad? Estabas como dormida.

   MARIANA No, Juan, no estaba dormida. Estaba soñando despierta. Pensaba en las próximas vacaciones. Algún día quiero ver todo el mundo.

   JUAN Está bien, pero por el momento debes pensar en la geografía. Dentro de tres días tenemos el examen de fin de semestre.

   MARIANA ¿De veras? ¡Ay, Juan! Cuando vuelvas a casa llámame inmediatamente para contarme lo que dijo la profesora hoy.

Additional Listening Activity 12-6, p. 97

1. **MARIBEL** Hola Eugenio. ¿Cómo te va? Muchas gracias por darnos la entrevista.

   EUGENIO De nada.

   MARIBEL Debes estar muy contento de poder graduarte este año. Dime, ¿qué planes tienes para el futuro?

   EUGENIO Bueno lo que pasa es que esta noche pienso comer un sándwich. (Ja, ja,)

   MARIBEL ¡Eres muy gracioso! (Ja, ja)—No, de verdad. ¿Qué vas a hacer cuando te gradúes?

   EUGENIO Pues sí que voy a comer un sándwich más tarde, pero ahora bien. Cuando termine mis estudios, tengo planes para ir a la universidad. Siempre quise ser un artista famoso. Me encanta pintar.

   MARIBEL ¿De veras? ¿Vas a estudiar el arte?

   EUGENIO Sí.

2. **MARIBEL** ¿Y qué otros planes tienes para tu futuro?

   EUGENIO Es que todavía no sé. Me gusta viajar. Algún día quiero viajar a Europa y a China. Pero primero tengo que hacer planes para ir a la universidad.

   MARIBEL ¿Y cuándo piensas irte?

   EUGENIO (ja, ja) Bueno, no muy pronto. Primero tengo que terminar mis estudios y luego tengo que buscar un empleo para el verano. También quiero hacer una excursión. Mi primo y yo queremos pasar una semana en la playa. Espero ir a la universidad a fines de agosto.

3. **MARIBEL** Muy bien. Entonces de vuelta a lo inmediato. ¿Todavía vas a comer un sándwich?

   EUGENIO Claro. ¿Me acompañas?

   MARIBEL De verdad me gustaría, pero pronto viene otro entrevistado. Tengo que esperarlo. Adiós, y muchas gracias.

   EUGENIO Hasta luego.

Answers to Additional Listening Activities

Additional Listening Activity 12-1, p. 95

1. a
2. b, e
3. c
4. a

Additional Listening Activity 12-2, p. 95

domingo	lunes	martes	miércoles	jueves	viernes	sábado
13 salida	14 **d.**	15 **b.**	16 **f.** **a.**	17 **f.** **e.**	18 pescar en la Laguna Serena	19
20 ir de compras al mercado de artesanías	21	22 regreso a casa	23	24	25	26

Additional Listening Activity 12-3, p. 96

Lucila — **buena gente**
Sandra — **solitaria**
Gonzalo — **consentido e impaciente**
Efrén — **chismoso**
Minerva — **inteligente**
Sr. Ginaster — **paciente, gracioso**

Additional Listening Activity 12-4, p. 96

1. b
2. c
3. a

Additional Listening Activity 12-5, p. 97

1. b
2. c
3. c

Additional Listening Activity 12-6, p. 97

immediate future	near future	distant future
comer un sándwich	graduarse ir a la universidad estudiar el arte ir a la playa buscar empleo	ser artista famoso viajar por el mundo

Scripts and Answers for
Testing Program

Listening Scripts for Quizzes 1-1B, 1-2B, 1-3B

Quiz 1-1B Primer paso

I. Listening

FRANCHESCA   Este año tengo clases con muchos de mis amigos. Aquí tengo algunas fotos de ellos. Te los presento. Esta chica es Maricarmen. Es muy simpática. La conozco hace mucho tiempo. Es rubia, baja y muy extrovertida.
Marilú es mi mejor amiga. La conocí en mi primer año escolar. Es delgada, rubia, guapa y muy alta; mide ciento sesenta centímetros. Es muy artística. Toca el violín en la orquesta.
Ésta es una amiga mía de mi clase de geografía. Se llama Carmiña. Es morena, guapa y muy simpática. Ella también es miembro de la orquesta y también toca el violín. Estudiamos juntas muchas veces.
El hermano de Carmiña se llama Manuel. Como ves en la foto, es muy alto. Tiene el pelo rizado. Es muy tímido; nunca quiere salir con nosotros.
Ésta es una foto de mi amigo Carlos. Es muy buena gente. Es muy extrovertido. Siempre está hablando y riéndose. De verdad, este año va a ser muy divertido.

Quiz 1-2B Segundo paso

I. Listening

1. JORGE   Es un buen día para hacer una excursión, y me encantaría ir a la playa. ¿Por qué no vamos todos hoy?
2. BERTA   ¡Qué lata la escuela! Estudio computación en la biblioteca todos los días y no me gusta para nada.
3. MARIO   A los padres de Daniel les gusta la nueva telenovela. Nos reunimos todas las tardes en su casa y la miramos juntos.
4. CRISTINA   La comida en la cafetería es muy buena. Anabel y Luis comen allí de vez en cuando.
5. NANDO   Mis amigos y yo vamos al centro comercial todos los sábados.

Quiz 1-3B Tercer paso

I. Listening

a. MÓNICA   Hola, me llamo Mónica. Este semestre estoy tomando tres clases de educación física: el voleibol, el béisbol y el buceo. También corro tres veces por semana. Y tú, ¿qué estás haciendo estos días?
b. ALFONSO   Mucho gusto en conocerte. Soy Alfonso Aguirre. Todavía no tengo muchos amigos pero este miércoles voy con una amiga al cine a ver una película de terror. Luego ella y yo vamos a ver una película cómica.
c. SONIA   Soy Sonia Guerra. Bueno, esta semana pienso pasarla en el salón de videojuegos. Soy fanática de los videojuegos. Ahora voy siendo cada vez mejor para el juego nuevo. ¿Lo conoces?
d. DANIEL   Me llamo Daniel y esta tarde pienso salir con mis amigos a comer en un restaurante. De verdad, no quiero ir porque van a un restaurante chino.
e. GABRIEL   Mi nombre es Gabriel García. Y bueno, este semestre pienso pasar mucho tiempo en la biblioteca. Todos los días me gustaría ir a la biblioteca a leer un libro.

Answers to Listening Activities *in* Quizzes 1-1B, 1-2B, 1-3B

ANSWERS Quiz 1-1B

I. Listening

A. (10 points: 2 points per item)
1. c
2. a
3. b
4. d
5. c

ANSWERS Quiz 1-2B

I. Listening

A. (10 points: 2 points per item)
1. e
2. b
3. c
4. d
5. a

ANSWERS Quiz 1-3B

I. Listening

A. (10 points: 2 points per item)
1. d
2. a
3. c
4. e
5. b

TESTING PROGRAM · SCRIPTS & ANSWERS

Listening Scripts for Chapter 1 Test

I. Listening

A.

1.a.	JORGE	Mis amigos y yo siempre estudiamos en la biblioteca. Pero no sé por qué tenemos que llevar tantos libros. Después de todo, ya hay muchos libros en la biblioteca.
1.b.	JORGE	Carlos y yo vamos a la biblioteca de tarde en tarde. Nos gusta buscar libros interesantes para leer.
2.a.	BERTA	Dora habla con un chico rubio que tiene el pelo rizado.
2.b.	BERTA	Dora habla con un chico moreno y muy extrovertido.
3.a.	MARIO	Linda y yo escuchamos música de rock en la casa.
3.b.	MARIO	Linda y yo escuchamos música clásica en el parque todos los sábados.
4.a.	CRISTINA	Éstos son mis mejores amigos. Tomás es atlético, delgado, alto y rubio. Lleva anteojos. Carlos es gordo, bajo, y moreno.
4.b.	CRISTINA	Ésta es mi abuela. Es un poco canosa. Le encanta pasar mucho tiempo en la cocina.
5.a.	NANDO	Ésta es mi hermana mayor. Es muy inteligente y es muy dedicada a su amiga en Chile. Le escribe una carta cada semana.
5.b.	NANDO	Esta chica es mi hermana. Es elegante, delgada y muy guapa. Es canosa. Lleva anteojos.

B.

6.	JOSÉ LUIS	¿Y con qué frecuencia cenan juntos tú y tu familia?
	MARIO	Bueno, cenamos casi todas las noches a las ocho.
7.	JOSÉ LUIS	¿Te gusta estudiar, Mario? Dime, ¿con qué frecuencia estudias, este... el álgebra por ejemplo?
	MARIO	Bueno, en realidad, no me gusta mucho estudiar. Pero para sacar buenas notas, estudio el álgebra todos los días.
8.	JOSÉ LUIS	¿Qué haces por la mañana antes de las clases?
	MARIO	Bueno, trato de llegar temprano. A mis amigos y a mí nos gusta platicar un rato antes de que comiencen las clases.
9.	JOSÉ LUIS	¿Y qué es lo que te gusta hacer después de clase? ¿Practicas algún deporte?
	MARIO	Sí, me gusta mucho jugar al tenis. Mis amigos siempre juegan al tenis conmigo después de clases.
10.	JOSÉ LUIS	¿Hay algún otro deporte que les guste?
	MARIO	Sí. Muchas veces mis amigos y yo vamos a la piscina a nadar—si hace buen tiempo. En general me gustan todos los deportes; no importa el que sea, si es deporte, me gusta jugarlo.

Answers to Listening Activities in Chapter 1 Test

I. Listening Maximum Score: 30 points

A. (15 points: 3 points per item)
1. a
2. b
3. b
4. b
5. a

B. (15 points: 3 points per item)
6. no
7. sí
8. sí
9. sí
10. sí

Listening Scripts for Quizzes 2-1B, 2-2B, 2-3B

Quiz 2-1B Primer paso

I. Listening

1. GUILLERMO Hola, Paco. ¿Cómo te va?
   CARLOS No sé qué me pasa. Creo que estoy enfermo.
   GUILLERMO ¿Por qué no vas al doctor?
2. GUILLERMO Buenos días, Mari. ¿Qué tal? Si estás aburrida, ¿por qué no vas al centro comercial con nosotros?
   MARI Gracias, pero mañana tengo examen de matemáticas. Tal vez otro día.
3. GUILLERMO Mañana voy a la playa con mis amigos. ¿Qué tenemos que traer?
   CARLOS ¿Qué tal si estudiamos para el examen?
4. GUILLERMO No encuentro mi libro y tengo que comprar otro. Mi mamá está enfadada conmigo.
   CARLOS ¿Qué tal si vas al cine conmigo?

Quiz 2-2B Segundo paso

I. Listening

1. SARITA ¿Ya lavaste la ropa?
   CARLA Sí. No tenía ropa limpia así que la lavé ayer.
2. SARITA ¿Ya hiciste la maleta?
   CARLA Todavía no. Voy a hacerla esta noche.
3. SARITA ¿Ya compraste cheques de viajero?
   CARLA Por supuesto. Compré cheques de viajero la semana pasada.
4. SARITA ¿Ya tienes la tarjeta de embarque?
   CARLA Todavía no.
5. SARITA ¿Ya encontraste tus guantes?
   CARLA Sí. Los encontré debajo de mi cama.

Quiz 2-3B Tercer paso

I. Listening

1. ENRIQUE En el centro de esta ciudad hay rascacielos y muchos edificios. Me encantan las ciudades grandes.
2. JUANITA Esta ciudad está cerca del océano. Hay varias playas muy bonitas, pero la que me gusta más es la que tiene muelle donde puedo dar un paseo.
3. ALEJANDRO ¿Me vas a acompañar? ¡Qué bueno! Entonces debes llevar traje de baño, camisetas, pantalones cortos y sandalias. Siempre hace fresco allí.
4. MARTA Para ir a esta ciudad tengo que llevar un abrigo, pantalones, botas, guantes y suéteres. Siempre hace mucho frío allí.
5. JOSÉ LUIS Es verano. Cuando haga la maleta voy a poner mi traje de baño, mis lentes de sol y el bloqueador. Dicen que está muy bonito el tiempo ahora que es verano.

ANSWERS Quiz 2-1B

I. Listening

    A. (8 points: 2 points per item)
        1. lógico
        2. lógico
        3. ilógico
        4. ilógico

ANSWERS Quiz 2-2B

I. Listening

    A. (10 points: 2 points per item)
        1. sí
        2. no
        3. sí
        4. no
        5. sí

ANSWERS Quiz 2-3B

I. Listening

    A. (10 points: 2 points per item)
        1. b
        2. a
        3. a
        4. b
        5. a

TESTING PROGRAM · SCRIPTS & ANSWERS

Listening Scripts for Chapter 2 Test

I. Listening

A. 1. ALICIA No quiero ir porque no me gusta el tiempo. Me parece que llueve todos los días.

2. ERNESTO No sé cómo la gente puede vivir aquí. En el verano hace mucho calor. No lo aguanto.

3. YVETTE Me chocan las ciudades grandes. Hay muchos rascacielos, edificios y mucha gente. No puedo vivir aquí.

4. JOSÉ LUIS ¡Vaya día tan bonito en esta ciudad! Hace un frío terrible hoy, pero nieva mucho y me encanta.

5. OLIVIA Estamos cerca del océano. ¿Por qué no vamos a la playa?

B. 6. JOSÉ LUIS Tengo mucha hambre; quiero ir a comer.
   OLIVIA ¿Por qué no duermes un rato?

7. ALICIA ¡Qué día tan bonito! Hace mucho sol.
   ERNESTO Tienes razón. Podemos montar en bicicleta. ¿Qué tal si vamos al parque?

8. OLIVIA ¿Ya limpiaste tu cuarto?
   FELIPE Todavía no. Es que voy al cine todos los días con mis amigos.

9. ALICIA ¡Hombre! Hace un calor terrible. Me gustaría ir a nadar.
   OLIVIA Tienes que llevar un abrigo, entonces.

10. JOSÉ LUIS El avión sale en tres horas. ¿Ya hiciste la maleta?
    ERNESTO No, la voy a hacer más tarde.

Answers to Listening Activities in Chapter 2 Test

I. Listening Maximum Score: 20 points

A. (10 points: 2 points per item)
   1. b
   2. a
   3. b
   4. c
   5. a

B. (10 points: 2 points per item)
   6. b
   7. a
   8. b
   9. b
   10. a

Quiz 3-1B Primer paso

I. Listening

A.   PACO   Me llamo Paco. Normalmente me levanto a las siete de la mañana. Siempre me baño y siempre me lavo el pelo. Tiene que estar limpio. Siempre me gasto mucho tiempo en peinarme porque me importa mucho el pelo. También me gasto mucho tiempo en vestirme. Tengo un puesto profesional y es importante vestirme bien.

     ARTURO   Soy Arturo. Por lo general me despierto tarde, como a las diez de la mañana. Siempre me baño. A veces me lavo el pelo si tengo tiempo. Muchas veces no me peino. A veces me afeito pero si no tengo tiempo no me preocupo por eso. Después me lavo los dientes y me visto. Nunca gasto mucho tiempo en vestirme. Es que trabajo afuera y no me importa mucho cómo me vea.

Quiz 3-2B Segundo paso

I. Listening

A. 1.   MARIO   ¿A quién le toca poner la mesa?
        YVETTE   Esta semana le toca a Chato.
   2.   YVETTE   ¿Quién va a regar el jardín? ¿Tú vas a regarlo?
        MARIO   No. Estoy harto de regar el jardín. Siempre me toca a mí.
   3.   YVETTE   La sala no está ordenada. ¿Vas a ordenarla?
        MARIO   No es justo. ¡Yo ya lo hice mil veces!
   4.   MARIO   Hay muchos platos sucios. ¿Por qué no los lavas?
        YVETTE   Le toca a Pedro lavar los platos.
   5.   YVETTE   ¿Tienes que sacar la basura?
        MARIO   Ya lo hice mil veces. ¿Por qué no lo haces tú?

Quiz 3-3B Tercer paso

I. Listening

A. 1. En mis ratos libres, me gusta coleccionar estampillas. Tengo muchas estampillas de España y Puerto Rico. Empecé a coleccionar estampillas a los cinco años.
   2. Estoy loca por las bicicletas. Mi pasatiempo favorito es pasear en bicicleta. Hace tres años que paseo en bicicleta una o dos horas al día. ¡Es maravilloso!
   3. Me interesa ir a los museos. Me fascina reunirme con amigos y visitar juntos los museos. ¡Nos divertimos mucho!
   4. A los seis años me enseñó su colección de tiras cómicas. A esa edad empecé a coleccionarlas. Ahora tengo una colección grande de tiras cómicas.
   5. También la literatura me fascina. Cuando no tengo nada que hacer, me encanta leer novelas. Voy a la biblioteca y paso muchas horas leyéndolas.

TESTING PROGRAM · SCRIPTS & ANSWERS

ANSWERS Quiz 3-1 B

I. Listening

A. (8 points: 2 points per item)
1. cierto
2. falso
3. falso
4. falso

ANSWERS Quiz 3-2B

I. Listening

A. (10 points: 2 points per item)
1. a
2. b
3. b
4. a
5. b

ANSWERS Quiz 3-3B

I. Listening

A. (10 points: 2 points per item)
1. d
2. a
3. c
4. b
5. e

Listening Scripts for Chapter 3 Test

I. Listening

A.
1. ¡Qué lata levantarme temprano! ¿Por qué uno tiene que despertarse todos los días a las siete de la mañana? ¡Me gustaría acostarme otra vez!
2. ¡Qué lata con el cuarto de baño! ¡Mis hermanas gastan mucho tiempo allí! ¡Ellas se lavan la cara con tanto cuidado!
3. Después de bañarme, me visto para ir a la escuela y antes de salir me pongo los zapatos.
4. A mi hermana no le gusta tener que ir al dentista. Por eso, se lava so dientes tres o cuatro veces al día.
5. Yo me acuesto muy temprano, como a las ocho. Me gusta dormir mucho. Mi hermana mayor se acuesta más tarde, como a las diez. Ella tiene que estudiar mucho.

B.
6. Hay muchos quehaceres en mi casa y todos son responsables de varios esta semana. A mi hermano Héctor le toca pasar la aspiradora.
7. A mí me toca cortar el césped. Tú sabes que estoy harta de cortar el césped. Es muy difícil. A mi hermana Sandra le toca cortarlo el sábado.
8. También me toca regar las plantas después de cortar el césped.
9. A mi mamá le toca darle de comer al gato. Le fascinan los gatos.
10. Mi papá siempre saca la basura, pero a veces mi hermana Daniela lo hace. Y por fin me parece que mi hermano Roberto va a lavar el coche.

Answers to Listening Activities in Chapter 3 Test

I. Listening Maximum Score: 30 points

A. (15 points: 3 points per item)
1. c
2. a
3. e
4. d
5. b

B. (15 points: 3 points per item)
6. c
7. a
8. e
9. d
10. b

Listening Scripts for Quizzes 4-1B, 4-2B, 4-3B

Quiz 4-1B Primer paso

I. Listening

1. **YURIRIA** ¿Cómo te fue en la escuela hoy?
   JULIANA No muy bien. En la clase de francés siempre cometo muchos errores en la tarea.
2. **YURIRIA** El profesor de literatura es excelente. ¿Qué te parece ese profesor?
   SUNANDA Me gusta mucho porque me encanta leer; siempre presto atención.
3. **YURIRIA** En mi opinión Mauricio es un alumno malo. Nunca entrega las tareas.
   RODRIGO Tienes razón. Creo que Mauricio es muy flojo. Él va a suspender el examen de geometría. Y lo malo es que es tan inteligente.
4. **YURIRIA** Este año la clase de dibujo me parece muy fácil. ¿En tu opinión es fácil o difícil, Alberto?
   ALBERTO Muy fácil, Yuriria. Sólo hay que seguir las instrucciones del profesor.
5. **YURIRIA** ¿Quién enseña la clase de español este semestre?
   TOMÁS Es el profesor Martínez. Siempre enseña la clase de español.

Quiz 4-2B Segundo paso

I. Listening

1. **MIGUEL** Oye, Martín, ¿quién enseña tu curso de español este semestre?
   MARTÍN No sé, Tomás. Creo que es el profesor Garza pero no estoy seguro.
2. **ANA** Hay un restaurante por aquí cerca que se llama **La Fonda Daniel**. ¿Lo conoces?
   LUIS Claro que lo conozco. La comida que sirven está muy rica.
3. **ROSA** ¿A qué hora comienza la clase de historia este semestre?
   DOLORES De verdad no sé. Pregúntale a Hortensia. Creo que ella sabe.
4. **LUIS** Mi prima Margarita es muy buena gente.
   TOMÁS Sí, ya la conozco. Es muy generosa también.
5. **MIGUEL** ¿Cuánto tiempo hace que vives en esta ciudad, Mari?
   MARI Hace 10 años.
   MIGUEL Pues, la conoces muy bien, entonces.
   MARI Claro que sí.

Quiz 4-3B Tercer paso

I. Listening

MARCELA 1. Siempre hay muchos coches en la ciudad. Prefiero tomar el metro para ir al centro porque es muy difícil tener que estacionar allí.
2. Cuando vamos al centro comercial, nos encanta mirar las vitrinas. Me parece que es más divertido ir cuando no hay gente.
3. Todos los viernes voy a reunirme con mis amigos en el café. Si queremos, hacemos planes para ir a merendar después.
4. Platico con mis amigos en el descanso. Pero cuando regreso a clase soy muy aplicada y siempre presto atención.
5. Siempre tengo que hacer cola para comprar los boletos. También les compro boletos a mis amigos.

ANSWERS Quiz 4-1B

I. Listening

    A. (10 points: 2 points each item)
       1. a
       2. b
       3. b
       4. b
       5. a

ANSWERS Quiz 4-2B

I. Listening

    A. (10 points: 2 points each item)
       1. b
       2. c
       3. b
       4. a
       5. c

ANSWERS Quiz 4-3B

I. Listening

    A. (10 points: 2 points each item)
       1. d
       2. b
       3. c
       4. a
       5. e

Listening Scripts for Chapter 4 Test

I. Listening

A. CLARA
1. Nunca mira por donde camina. Es la persona más torpe del mundo. Algún día va a chocar con una pared.
2. ¡Pero tú no los conoces! Siempre se ponen enfadados cuando regreso tarde a casa. No sé por qué tienen que ser tan estrictos.
3. Siempre está en la biblioteca. Le encantan los libros o no sé qué. Es muy aplicado.
4. En los partidos de fútbol siempre gritan y animan a la gente. Son muy entusiastas. No sería partido sin ellos.
5. Me regaló una cajita de chocolates. Es muy generosa. Me gusta mucho ir a visitarla.

B.

JAIME Buenas tardes, profesora.

SEÑORA GÓMEZ Quiero preguntarte algo. ¿Qué te parece la clase? En tú opinión, ¿crees que vas a salir bien?

JAIME Creo que no. Me parece que soy muy distraído. A veces no puedo prestar atención.

SEÑORA GÓMEZ Hay que entregar la tarea a tiempo. En mi clase no hay por qué entregarla tarde.

JAIME Sí, claro. Pero a veces pienso que no sigo las instrucciones bien porque me es difícil hacerla. También a veces la pierdo. Soy un poco torpe, ¿sabe?

SEÑORA GÓMEZ Tienes que preguntar en clase. ¿De acuerdo? Conozco a un estudiante muy aplicado que puede ayudarte. Él se llama Diego Martínez.

JAIME Sí, por favor, ¿me podría dar su número de teléfono?

SEÑORA GÓMEZ Te lo doy mañana. Quiero decirte que Diego es más exigente que yo. Vas a tener que estudiar mucho.

JAIME Gracias, profesora. Se lo agradezco mucho. Puedo hacer planes para reunirme con él esta semana.

Answers to Listening Activities in Chapter 4 Test

I. Listening Maximum Score: 30 points

A. (15 points: 3 points per item)
1. c
2. b
3. d
4. e
5. a

B. (15 points: 3 points per item)
6. b
7. b
8. a
9. b
10. a

Holt Spanish 2 ¡Ven conmigo!, Chapter 4

Listening Scripts for Quizzes 5-1B, 5-2B, 5-3B

Quiz 5-1B Primer paso

I. Listening

1.
    JOSÉ Hola, Linda. ¿Cómo estás?
    LINDA Ay, estoy muy cansada porque corrí cinco millas esta mañana.

2.
    LINDA Oye, Marco, ¿con qué frecuencia asistes a tu clase de ejercicios aeróbicos?
    MARCO Bueno, la clase es a las dos de la tarde los lunes, martes y miércoles. Siempre trato de asistir.

3.
    LINDA Oye, María, ¡es tarde! ¿Adónde fuiste hoy?
    MARÍA Bueno, hoy fui al centro y me inscribí en un gimnasio.

4.
    JOSÉ ¿Cuántos abdominales tienes que hacer para estar en forma?
    GUILLERMO Bueno yo, por ejemplo, hago cincuenta. Es muy difícil pero es necesario.

5.
    JOSÉ Marcos, me parece que estás muy cansado hoy. Dime, ¿duermes lo suficiente?
    MARCOS Bueno, anoche dormí ocho horas.

Quiz 5-2B Segundo paso

I. Listening

PEDRO Buenos días, estimado radioyente. Te habla Pedro Ruiz con un mensaje de salud. ¿Subiste de peso durante las vacaciones? Te quiero decir que para estar en plena forma no hay que perderse la oportunidad que te ofrece **Gimnasio mundial**. Desarrolla un plan de salud. Ven a visitarnos hoy mismo y habla con nosotros. Deja de ver televisión y ponte a hacer ejercicios. No te comas esa hamburguesa con papas fritas. ¡Levántate ahora mismo! Te estamos esperando. Llámanos ahora al cuatro dieciséis, sesenta y ocho cincuenta.

Quiz 5-3B Tercer paso

I. Listening

SARITA Hola Octavio. ¿No te acordaste de venir al partido de baloncesto?
OCTAVIO No me olvidé. Iba a asistir pero no pude.
SARITA ¿Qué te pasó? ¿Te cansaste?
OCTAVIO No me cansé. Bueno, es que me lastimé jugando al tenis.
SARITA ¿Cómo te lastimaste? ¿Te torciste algo?
OCTAVIO No. Me hice daño en la pantorrilla. Ahora no puedo correr. ¿Qué tal jugaron ustedes? ¿Se divirtieron?
SARITA ¡Jugamos muy mal! Alejandro se quejó mucho porque jugamos mal. Leonor se aburrió. María Eugenia no vino porque se enfermó. A los hermanos Menchú no les dieron permiso. Etcétera, etcétera, etcétera. Ya me cansé de problemas y de excusas.
OCTAVIO Yo también. No hacemos nada bien. ¿Por qué no nos inscribimos en un gimnasio? Allí podemos levantar pesas para la competencia de atletismo de la escuela.
SARITA No, gracias. Prefiero no participar en la competencia. Pero sí me inscribo en un gimnasio.

Answers to Listening Activities in Quizzes 5-1B, 5-2B, 5-3B

ANSWERS Quiz 5-1B

I. Listening

A. (10 points: 2 points per item)
1. a
2. b
3. a
4. b
5. a

ANSWERS Quiz 5-2B

I. Listening

A. (10 points: 2 points per item)
1. b
2. a
3. a
4. b
5. a

ANSWERS Quiz 5-3B

I. Listening

A. (12 points: 2 points per item)
1. b
2. a
3. b
4. a
5. a
6. a

Holt Spanish 2 ¡Ven conmigo!, Chapter 5

Listening Scripts for Chapter 5 Test

I. Listening

A. La semana pasada corrí en la competencia de atletismo. [...] Mis amigos también se inscribieron en la competencia. Lo que pasó fue que los tres corrimos muy bien pero no ganamos. En fin, después de la competencia, salimos a comer. [...] Ya lo sé. Necesitamos estirarnos más para competir mejor en la siguiente competencia. A veces es preciso levantar pesas también para estar fuerte. Tienes razón. [...] Bueno, aunque no ganamos, nos divertimos mucho y mantenemos muy bien nuestra salud.

B.

ALEJANDRO ¡Ay Óscar! Quiero bajar de peso, pero cada vez que hago régimen aumento de peso.

ÓSCAR Alejandro, ¿qué dieta llevas? ¿Qué comes?

ALEJANDRO Como muchas verduras y frutas.

ÓSCAR Hmm. ¿Estás seguro que no le añades sal ni grasa a la comida? ¿Tomas suficiente agua? Para ponerte en forma es preciso hacer ejercicios. ¿Por qué no te inscribes en un gimnasio?

ALEJANDRO ¡Sí, tienes razón! Sabes Óscar, no me gusta hacer ejercicios. Es que me canso y me hace daño. También sudo mucho y después tengo calambres en el hombro y en las rodillas.

ÓSCAR ¡Cuánto te quejas! Si de veras quieres hacer algo por tu salud, tienes que dedicarte.

ALEJANDRO Sí pero...

ÓSCAR Mira, Alejandro. ¡Evita la sal y la grasa! ¡Inscríbete en un gimnasio! ¡Levanta pesas! ¡Haz abdominales! ¡Salta a la cuerda! Es por tu bienestar.

Answers to Listening Activities in Chapter 5 Test

I. Listening Maximum Score: 30 points

A. (15 points: 3 points per item)
1. b
2. b
3. b
4. a
5. a

B. (15 points: 3 points per item)
6. b
7. b
8. a
9. a
10. b

Quiz 6-1 B Primer paso

I. Listening

MARIANO Disculpe, señora. No conozco la ciudad. ¿Sabe usted cómo llego al museo?

SEÑORA Sí, claro. Sé que está en la calle del Río San Antonio. Pero está lejos de aquí. Debe subir a un autobús para llegar más rápido.

MARIANO ¿Me podría decir dónde esta la parada? ¿Puedo ir caminando o está lejos?

SEÑORA La parada del autobús está cerca. ¿Conoce usted el edificio que tiene el letrero muy grande?

MARIANO Conozco uno que está al lado de una iglesia.

SEÑORA Sí, allí está la parada, donde está el semáforo. Suba al autobús y le pregunta al conductor dónde se baja. Seguramente él sabe dónde está el museo.

MARIANO Y, ¿sabe usted cuánto cuesta la entrada?

SEÑORA Lo siento, pero no tengo ni idea. Allí lo puede averiguar.

MARIANO Muchas gracias, señora. Es usted muy amable.

SEÑORA De nada. Adiós. ¡Que tenga mucha suerte!

Quiz 6-2B Segundo paso

I. Listening

MÓNICA Hola, mamá. Ya regresamos de Austin. Es una ciudad muy bonita.

SRA. CALLES Y, ¿cómo les fue? ¿Les gustaría regresar?

ISIDORO Primero fuimos a visitar el Capitolio.

MÓNICA No. Para empezar, llegamos tarde y fuimos a un restaurante a comer unas fajitas.

ISIDORO Sí. Después de todo eso fuimos al parque Zilker y montamos en bicicleta.

SRA. CALLES Y, ¿no subieron a una lancha?

MÓNICA No, porque no encontramos la taquilla para comprar los boletos.

SRA. CALLES Y, ¿cuánto les costó el boleto del autobús?

ISIDORO El boleto de ida y vuelta nos costó catorce dólares.

MÓNICA Y por último cenamos antes de regresar a casa.

Quiz 6-3B Tercer paso

I. Listening

BENITO Yo no pedí sopa, señorita. Yo sólo pedí ensalada. Y la ensalada que usted trajo está muy salada. No me la puedo comer.

MESERA Ay, disculpe. Ahora se la cambio. ¿Desea pedir otra cosa?

BENITO Sí. Una orden de nachos no muy picantes, por favor.

ANDREA ¿A mí me puede traer la comida? Todavía no me sirvió usted nada.

MESERA ¿Qué es lo que usted pidió de comer?

ANDREA Usted me recomendó las enchiladas de pollo.

MESERA Bueno, se las traigo y en unos minutos les traigo el flan.

ANDREA Creo que la mesera no sabe servir la comida. No me gusta este restaurante.

BENITO Ay, no seas así. No hace mucho tiempo que trabaja aquí. Déjala tranquila.

ANDREA Pues, en mi opinión yo prefiero ir a otro lado. ¡Vámonos!

BENITO ¡Qué va! No nos vamos a ir. Pronto nos va a servir la comida. Y también vamos a dejarle una buena propina.

Answers to Listening Activities in Quizzes 6-1B, 6-2B, 6-3B

ANSWERS Quiz 6-1B

I. Listening

A. (10 points: 2 points per item)
1. b
2. a
3. a
4. b
5. a

ANSWERS Quiz 6-2B

I. Listening

A. (10 points: 2 points per item)
1. a
2. c
3. d
4. *(blank)*
5. b

ANSWERS Quiz 6-3B

I. Listening

A. (10 points: 2 points per item)
1. b
2. b
3. a
4. b
5. b

Holt Spanish 2 ¡Ven conmigo!, Chapter 6

Listening Scripts for Chapter 6 Test

I. Listening

A. PACO   Buenas tardes, señorita. ¿En qué puedo servirle?

    EMMA   Primero necesito averiguar en dónde compro un boleto de ida y vuelta a El Paso. Hay mucha gente en el andén y no encuentro la taquilla.

    PACO   Ésta es la taquilla, señorita.

    EMMA   Entonces, a continuación necesito averiguar cuánto cuesta el boleto de ida y vuelta.

    PACO   Cuesta muchísimo, pero es un viaje muy interesante. ¿Ya conoce usted el recorrido en tren?

    EMMA   No lo conozco. Sé que es muy bonito porque pasa al lado del río. Desde el tren se ven las lanchas con los turistas. ¿Me podría decir a qué hora sale el tren?

    PACO   Sí, por supuesto. Sale en treinta minutos. El boleto cuesta veintidós dólares.

    EMMA   Muy bien. Déme por favor un boleto de ida y vuelta.

B. MESERO   ¿Que les ofrezco de tomar? ¿Ya saben qué van a pedir?

    EUGENIO   Para mí, un agua mineral y para ella una limonada.

    YOLANDA   ¿Qué nos recomienda? ¿Cuál es la especialidad de la casa?

    MESERO   Les recomiendo la sopa de tortilla para empezar y luego la paella valenciana que es para dos personas. De postre hoy tenemos un delicioso flan de coco y una rica torta de queso.

    EUGENIO   Por favor, nos trae la sopa de tortilla y la paella.

    YOLANDA   Sí, me parece muy bien. Gracias.

    MESERO   Ya vuelvo con sus bebidas. Con permiso.

    YOLANDA   Eugenio, ¿me podrías decir qué hora es?

    EUGENIO   Sí, por supuesto. Son las siete y media.

    YOLANDA   ¡Nos tenemos que ir! Se me olvidó algo muy importante. Tengo que recoger a mi amiga Estela. Ella llega de San Antonio en media hora a la estación de tren.

    EUGENIO   Pero Yolanda, ¡acabamos de ordenar! El mesero ya nos va a traer las bebidas.

    YOLANDA   Bueno, págale por las bebidas y explícale la situación. Después de todo no nos sirvió nada todavía.

    EUGENIO   Está bien. Y luego, ¡vámonos!

I. Listening Maximum Score: 30 points

A. (15 points: 3 points per item)
1. a
2. a
3. a
4. b
5. a

B. (15 points: 3 points per item)
6. b
7. a
8. b
9. a
10. b

I. Listening

A.
1. Aquí se ve a Tomás, el deportista más famoso de la escuela. Le gusta el fútbol pero le encantan los otros deportes. Cuando juega con su equipo, siempre trata de ganar.
2. Mariana es buena deportista también. Pasa mucho tiempo en la pista corriendo. Corre una hora antes de la escuela y una hora después de la escuela. Ganó primer lugar en la competencia este año.
3. A Chepina le choca ir al cine porque cree que las películas son aburridas. Pero lo que sí le gusta es estar afuera. Monta en bicicleta todos los fines de semana.
4. ¿Reconoces a Isaac? Es muy chistoso. Le gustan los deportes pero le fascina el cine. Siempre cuando puede, va al cine a ver una película.
5. El famoso Sergio. Es muy aplicado. Siempre va a la biblioteca a estudiar. Le gusta mucho leer. Su novela favorita es **Cien años de soledad.**

B.
6. ¿Cuánto tiempo hace que estudias español?
7. ¿Cuál es tu pasatiempo favorito?
8. ¿Cómo son tus amigos en los Estados Unidos?
9. ¿Qué nota sacaste en el último examen de español?
10. ¿No vas a ir a la fiesta con nosotros?

Holt Spanish 2 ¡Ven conmigo!

TESTING PROGRAM · SCRIPTS & ANSWERS

C.   ROSANA   Querida Myrna, gracias por tu carta tan agradable. Yo estoy muy bien. ¿Cómo estás tú? Aquí estoy yo en mi nueva escuela y parece que todo va bien. Mi escuela es muy bonita. Está en el centro de la ciudad pero está en el parque. Me gusta mucho. Ya tengo muchos amigos también. Son muy divertidos y simpáticos. Todos los fines de semana salimos juntos. Por ejemplo, el sábado pasado fuimos al cine y luego a un café. El domingo nos reunimos todos para hacer ejercicios. Mi amigo Manuel practica las artes marciales y levanta pesas. Nos ayudó a estar en plena forma. Todas mis clases van muy bien también. Creo que voy a salir bien en todas. Saqué una A en dos de mis últimos exámenes así que no tienes que preocuparte tanto. Oye, ¿cuándo vas a visitarme? La semana que viene mis amigos y yo vamos a ir a la playa. Puedes venir si quieres. Bueno pues, ya tengo que irme. Escríbeme cuando puedas.

D.   PACO   Querida Señora Santos, Disculpe, pero ¿me podría ayudar con un problema que tengo con uno de mis profesores? Lo que pasa es que el profesor Martínez es muy estricto. El problema es que yo no entiendo bien la materia y me parece que él no quiere ayudar. El otro día traté de hacerle una pregunta y él no me contestó porque dijo que ya debería saber la respuesta. Un día, tuve un problema con mi carro y no pude llegar a clase a tiempo. Cuando entré en la sala, el profesor se quedó muy enfadado. Tampoco me dejó explicar. ¿Qué puedo hacer? Soy nuevo en la escuela y no conozco a muchos estudiantes. Ya suspendí el primer examen y no puedo suspender el segundo si quiero aprobar la clase. ¿Podría usted hablar con él? Necesito ayuda y ahora tengo miedo de hablarle.

SRA. SANTOS   Estimado Francisco. Claro que te puedo ayudar. Estoy para servirte. Hay dos cosas que tienes que hacer. Primero, no estés nervioso. Conozco bien al profesor Martínez. Ya hablé con él y está listo para ayudarte. Segundo, ven a mi oficina a hablar conmigo y con él. Vamos a reunirnos nosotros tres para hablar del problema. El profesor Martínez dice que cree que eres un buen estudiante y que está seguro de que vas a salir bien en su clase. Entonces quedamos en vernos este viernes a las dos de la tarde. Pasa por aquí entonces. Nos vemos.

Holt Spanish 2 ¡Ven conmigo!

Answers to Listening Activities in Midterm Exam

I. Listening   Maximum Score: 30 points

A. (5 points: 1 point per item)
1. d
2. a
3. c
4. b
5. e

B. (5 points: 1 point per item)
6. a
7. a
8. a
9. b
10. b

C. (10 points: 1 point per item)
11. a
12. b
13. a
14. b
15. b
16. a
17. a
18. b
19. a
20. b

D. (10 points: 1 point per item)
21. b
22. c
23. a
24. a
25. c
26. a
27. b
28. c
29. c
30. b

Quiz 7-1 B Primer paso

I. Listening

1. PEDRO De niño, ¿te llevabas bien con tu hermana, Martín?
   MARTÍN Pues, la verdad, cuando era niño, hacía muchas travesuras y eso le fastidiaba bastante a mi hermana. Ella y yo peleábamos casi todos los días.
2. PEDRO ¿Y qué tal con tus amigos?
   MARTÍN Me llevaba mejor con los amigos, sí. Con ellos era muy generoso. Por ejemplo, siempre compartía mis dulces y los bocadillos con ellos. ¡Pero sólo con ellos, no con mi hermana!
3. PEDRO Oye, parece que te gustaba mucho salir de la casa.
   MARTÍN Sí, cierto. Cuando yo era chiquito, íbamos a la playa todos los fines de semana. A mí me fascinaba construir castillos de arena.
4. PEDRO Y ¿qué pasa aquí? Parece que no estabas muy contento.
   MARTÍN Claro que no. Cuando tenía diez años empecé a estudiar música y descubrí que odiaba tocar el piano.
5. PEDRO Por esta foto parece que te caían mal también los animales.
   MARTÍN Hombre, ¡me asustaban mucho los animales! Especialmente los animales grandes. Por eso me parecía muy pesado cuando mis padres me llevaban al zoológico.
6. PEDRO En cambio los animales pequeños te gustaban, ¿no?
   MARTÍN Sí, en efecto, a mi perrito lo encontraba perfectamente genial. Se llamaba Chispa y me fascinaba jugar con él.

Quiz 7-2B Segundo paso

I. Listening

1. LUISA A ver, abue, ¿cómo era Monteviejo en aquel entonces?
   ABUELA Pues era muy diferente de la ciudad en que vivimos ahora. La vida era muy sencilla y no había tránsito porque muchos iban al trabajo en bicicleta.
2. LUISA Me imagino que era muy tranquilo el pueblo en aquellos tiempos.
   ABUELA Sí, era muy, muy tranquilo. Me fascinaban las noches en el pueblo porque no había nada, nada de ruido. Podías pasearte de noche tranquila, porque no era peligroso.
3. LUISA ¿Y qué era esto, abuelita?
   ABUELA Ah, el Hatillo. Así se llamaba el puente. Todos los carros tenían que pasar por ese puente cuando iban a la fábrica del Hatillo.
4. LUISA Ahora cuéntame del parque.
   ABUELA Bueno, allá iban todos los niños a jugar. Iban con ellos los adultos, claro, y muchas veces caminaban con el perro para hacer un poco de ejercicio.

Quiz 7-3B Tercer paso

I.Listening

EUSEBIO ¿Qué si la vida era diferente cuando yo era joven? ¡Vaya diferente! La vida en aquellos tiempos me fastidiaba, eso sí, señor. No había electricidad y para la calefacción sólo teníamos la estufa de leña en la cocina. La casa era pequeña pero en el invierno parecía gigantesca porque el calor sólo llegaba al corredor. En mi cuarto hacía un frío horrible. Al menos no necesitábamos el aire acondicionado. Y qué bueno, porque ¡no había tampoco! Luego no había agua corriente y yo tenía que ir al pozo por el agua. Eso me molestaba mucho. Ahora bien, lo bueno es que yo era tan fuerte como un toro. Y también había cosas bonitas. Me acuerdo que las lámparas de calle eran de gas y eran muy bonitas. Y el aire estaba tan puro que el sol se veía gigantesco cuando salía por la mañana.

Holt Spanish 2 ¡Ven conmigo!, Chapter 7

ANSWERS Quiz 7-1B

I. Listening

A. (12 points: 2 points per item)
1. b
2. f
3. e
4. c
5. a
6. d

ANSWERS Quiz 7-2B

I. Listening

A. (8 points: 2 points per item)
1. c
2. d
3. a
4. b

ANSWERS Quiz 7-3B

I. Listening

A. (10 points: 2 points per item)
1. b
2. b
3. a
4. b
5. a

Listening Scripts for Chapter 7 Test

I. Listening

A.

1. CONSUELO ¿Quieres hacerme creer que eras muy bondadoso de niño?
   RAÚL Sí, Consuelo. No sé por qué no me crees. De hecho, era tan bueno como un ángel. Siempre compartía los quehaceres con mi hermana.
2. CONSUELO Dice tu mamá que en tus tiempos eras bastante aventurero.
   RAÚL Sí. Cuando tenía once años me lo pasaba en el parque buscando aventuras. Me fascinaba trepar a los árboles, por ejemplo.
3. CONSUELO Vivías en un pequeño pueblo solitario, ¿verdad?
   RAÚL ¡Qué va! Vivía en una ciudad gigantesca donde había mucha contaminación y ruido.
4. CONSUELO ¿Te gustaba ir al cine?
   RAÚL Sí. De chiquitos mi primo Juan y yo mirábamos películas de terror juntos. Después, él dormía tan bien como un lirón, pero a mí me asustaban mucho y no podía dormir.
5. CONSUELO Y ese primo Juan, a ver, ¿cómo era?
   RAÚL ¿Juan? En aquel entonces me parecía tan aburrido como un pato porque hablaba tanto. Pero en realidad yo era tan conversador como él. Y los dos éramos bastante gordos. Ahora él es estrella de televisión. ¡Qué curiosa es la vida!, ¿verdad?

B.

YOLANDA Yo tenía suerte porque todos mis amigos eran simpáticos, aunque todos eran muy diferentes e individuales. Alonso trepaba a los árboles y hacía muchas cosas peligrosas. No le asustaba nada. Ahora viaja por todo el mundo y nos escribe cartas de todos los países contando sus aventuras. Otro amigo, Wilfredo, era muy cómico. Contaba mil chistes y hacía muchas travesuras. Se casó después con mi amiga Maritza y ahora ¡viven tan felices como dos lombrices! Ah, y olvidé mis dos compañeras de clase, Luisa y Tere. ¡Cómo odiaban ellas ir al dentista! Es que eran muy impacientes y les molestaba mucho tener que esperar para la cita. Pero ahora, ¡las dos son doctoras! Cosas de la vida. Por último, mi hermana Mariana, la consentida. Peleábamos cada cinco minutos. ¡Me parecía tan egoísta! ¿Y ahora? Es muy bondadosa y la encuentro muy noble. ¡Es mi mejor amiga!

Answers to Listening Activities in Chapter 7 Test

I. Listening Maximum Score: 30 points

A. (15 points: 3 points per item)
1. e
2. a
3. b
4. d
5. c

B. (15 points: 3 points per item)
6. a
7. b
8. c
9. c
10. a

Listening Scripts for Quizzes 8-1B, 8-2B, 8-3B

Quiz 8-1B Primer paso

I. Listening

1. GABI Hola, Celia. ¿Qué tal estuvo el estreno de la película de Gloria Andrade?
   CELIA Estuvo emocionante. Creo que es la mejor película del año. Los efectos especiales estuvieron archibuenos.
2. GABI Fuiste al parque de atracciones también, ¿no?
   CELIA Sí. Fui con Susana y lo pasamos de maravilla allí. Tienen la rueda de Chicago más alta del mundo y la montaña rusa más rápida del país.
3. GABI ¿Y los carros chocones?
   CELIA Estuvieron aburridísimos. No nos gustaron para nada. Es que no iban muy rápido.
4. GABI Y luego fuiste al zoológico, ¿verdad?
   CELIA ¿El zoológico?... Ah, bueno, había un pequeño zoológico en el parque, es cierto.
   GABI ¿Y qué tal estuvo?
   CELIA Estuvo más o menos bien. Vimos unos loros muy bonitos y unas serpientes gigantescas, pero no me parecían peligrosas.
5. GABI Y, ¿los monos?
   CELIA El zoológico no tenía monos. Qué lástima, ¿verdad? Me gustaría ver las travesuras de los monos.

Quiz 8-2B Segundo paso

I. Listening

MAMÁ ¿Ya hiciste la tarea?
LISA Mamá, tú sabes muy bien que no pude hacerla. ¡Es que tenía tantos quehaceres!
MAMÁ Entonces, por lo menos ¿limpiaste tu cuarto y sacaste la basura?
LISA Sí limpié el cuarto pero no saqué la basura. Pensaba hacerlo por la tarde, pero me olvidé, porque el perro necesitaba comer y salir.
MAMÁ ¿Y fuiste al supermercado para comprar la comida que necesitamos?
LISA Todavía no. Quería hacerlo pero no pude. Tenía muchos mandados. Pasé por la farmacia y el correo. Cuando llegué al supermercado, estaba cerrado.
MAMÁ Pues, dime entonces que por lo menos lavaste tu ropa.
LISA Bueno, mami, no pude lavar la ropa.
MAMÁ ¿Y por qué no?
LISA Es que mi amigo Alex necesitaba ayuda con la tarea para mañana.
MAMÁ ¿Y cómo ayudaste a Alex, si tú no la hiciste?
LISA Pero, mamá, la voy a hacer ahora, si tú me ayudas. ¿No me quieres lavar y planchar el uniforme para el partido de baloncesto esta noche, por favor?

Quiz 8-3B Tercer paso

I. Listening

SAMUEL
1. Las carrozas del desfile estuvieron maravillosas. Quería verlas todas pero no pude porque tenía que ver la exhibición de las máscaras. Por cierto Leandro me dijo que la última carroza, la del Club Hispano, fue magnífica.
2. Me alegro mucho por Iñaqui y René, porque me dijeron que trabajaron por tres días en la decoración de esa carroza.
3. También me fascinaron los disfraces. Mi amiga Berenice me dijo que la famosa artista Maruja los diseñó.
4. Todos disfrutaron mucho del festival, con la sola excepción de Enriquito. Su mamá me dijo que le asustaban los tigres en la carroza del zoológico, ¡aunque sólo eran tigres de flores!

Holt Spanish 2 ¡Ven conmigo!, Chapter 8

ANSWERS Quiz 8-1B

I. Listening

A. (10 points: 2 points per item)
1. c
2. a
3. e
4. b
5. d

ANSWERS Quiz 8-2B

I. Listening

A. (10 points: 2 points per item)
1. c
2. a
3. e
4. b
5. d

ANSWERS Quiz 8-3B

I. Listening

A. (10 points: 2 points per item)
1. b
2. b
3. a
4. b
5. b

Listening Scripts *for* Chapter 8 Test

I. Listening

A.

1. PASTOR   Oye, Olivia, ¿qué tal lo pasaste en el estreno del nuevo parque de atracciones?
   OLIVIA   ¡Estuvo de película! ¡La montaña rusa en particular fue espectacular!
2. GLORIA   ¿Asististe al concierto del grupo Voces Nuevas? ¿Cómo estuvo?
   OLIVIA   Parece que fue fantástico. Me dijo Aldo que los efectos especiales fueron muy originales.
3. PASTOR   ¿Fuiste al zoológico?
   OLIVIA   La verdad, el zoológico fue un poco aburrido. Sólo había una tortuga, y después de todo, ¿qué hace una tortuga? ¡Nada!
4. PASTOR   ¿Y cómo les fue en el desfile?
   OLIVIA   ¡Yo no pude desfilar! Pensaba marchar con todos pero tenía que poner gasolina al carro y cuando llegué ya era tarde. ¡Qué pena! Pero fueron muy simpáticos y me permitieron entrar.
5. RICKI   Pero, Olivia, yo quiero saber... ¿cómo estuvo la rueda de Chicago?
   OLIVIA   ¡Ay, Ricki! Tú sabes que yo no puedo subir a las ruedas de Chicago porque me enfermo. Pero todos mis amigos me contaron que fue estupenda.

B.

PEDRO   Hola, Nuria, habla Pedro. Oye, dime, ¿qué tal estuvo el estreno de la película?
NURIA   Carlos me dijo que la película estuvo requetebuena.
PEDRO   ¿Es cierto que asistieron muchas estrellas de cine?
NURIA   ¡Hombre, muchas! Elena me dijo que asistió Maritza Risueña con su esposo Marco Rollo.
PEDRO   ¿Y el famoso mono Pantuflas? ¿El que fue la verdadera estrella de la película?
NURIA   El mono, no. Iba a venir pero dijeron que estaba enfermo. Pero el cocodrilo que hablaba con acento argentino llegó en una limusina, ¿tú crees?
PEDRO   ¡Ay, qué lástima que no pude asistir! Estuvo divertidísimo, ¿verdad?
NURIA   Bueno, eso me dijeron.
PEDRO   ¿Cómo que te dijeron? Tú estabas allí, ¿no?
NURIA   ¿Yo? ¿No sabías? Yo no pude ir porque mi abuela estaba enferma y tenía que acompañarla al hospital. Yo sólo sé lo que me dijeron Carlos y Elena.

Answers to Listening Activities in Chapter 8 Test

I. Listening Maximum Score: 30 points

A. (15 points: 3 points per item)
- 1. a
- 2. b
- 3. a
- 4. c
- 5. b

B. (15 points: 3 points per item)
- 6. a
- 7. a
- 8. b
- 9. a
- 10. b

Listening Scripts for Quizzes 9-1B, 9-2B, 9-3B

Quiz 9-1B Primer paso

I. Listening

1.   SEÑOR   Disculpe, señorita, ¿voy bien para...?
        LOCAL   No, señor, va mal. Hay que subir por esta calle una cuadra, hasta llegar a la Avenida Florida. Allí dé vuelta a la izquierda y camine una cuadra. Se encuentra a la izquierda, junto al cine en el cruce de la calle Tutor y la Avenida Florida.
2.   JOVEN   Perdón. ¿Dónde queda...ñorita?
     SEÑORITA   Siga derecho hasta la Avenida Florida. Doble a la izquierda y camine dos cuadras. Se encuentra a la izquierda, junto al cine. No se puede perder.
        JOVEN   Sí, gracias. Ya sé dónde está.
3.   CHICO   ¿Usted sabe cómo se...joven?
        LOCAL   Sí, acabo de venir de allí. Mire, tome esta calle hasta llegar a la Avenida Florida. Doble a la derecha y siga hasta la calle Este. Allí doble a la derecha otra vez y camine otra cuadra. Se encuentra allí a la izquierda, antes de llegar a la esquina.

Quiz 9-2B Segundo paso

I. Listening

VENDEDOR   Buenas tardes. ¿Cómo le puedo servir?
ELENA   Necesito comprarle a mi hermana el vestido del escaparate porque es su cumpleaños. Pero no sé qué talla lleva ella.
VENDEDOR   ¿Me la puede describir, por favor?
ELENA   Ella es tan alta como yo, pero es mucho más delgada.
VENDEDOR   ¿Qué talla lleva usted?
ELENA   No sé. ¿Me lo puedo probar?
VENDEDOR   Sí, como no. Los probadores están a la izquierda. **[PAUSE]** ¿Cómo le queda?
ELENA   De maravilla. Me parece que este vestido es talla cuarenta. Entonces mi hermana usa la talla treinta y ocho. ¿Tienen este vestido en azul?
VENDEDOR   Sí, lo tenemos en azul y en otros colores sutiles.
ELENA   Me gustan los colores sutiles. Le voy a comprar el rosa a mi hermana.
VENDEDOR   La talla 38 es la talla más pequeña que tenemos, y sí lo tenemos en rosa.
ELENA   Muy bien. Lo compro para el regalo de mi hermana.

Quiz 9-3B Tercer paso

I. Listening

VENDEDORA   ¡Compren, compren! Vengan por aquí. Yo les doy descuento.
VÍCTOR   ¡Qué bonitas cosas! ¿Qué precio tiene la guitarra?
VENDEDORA   Cuesta 200 pesos.
SONIA   ¡Cuesta una fortuna! ¿No nos puede rebajar el precio?
VENDEDORA   Bueno, se la regalo por 180 pesos pero es mi última oferta.
VÍCTOR   ¡180 pesos es un montón! El descuento que usted nos da es muy poco.
VENDEDORA   No se vayan, joven. Mire, si quiere comprarla, se la dejo en 150.
SONIA   Eso no es una ganga. Le damos 100 pesos ahora mismo por la guitarra, y si no, nos vamos a otro lado.
VENDEDORA   Está bien. Sepan ustedes que la están comprando retebarata, al cincuenta por ciento de descuento. ¡Eso sí que sí! ¡Encontraron una ganga!

Answers to Listening Activities *in* Quizzes 9-1B, 9-2B, 9-3B

ANSWERS Quiz 9-1B

I. Listening

(12 points: 3 points per item)
1. el supermercado
2. la tienda
3. el museo
4. b

ANSWERS Quiz 9-2B

I. Listening

(10 points: 2 points per item)
1. a
2. a
3. b
4. b
5. b

ANSWERS Quiz 9-3B

I. Listening

(10 points: 2 points per item)
1. a
2. a
3. b
4. a
5. b

Listening Scripts for Chapter 9 Test

I. Listening

A. 1. **TURISTA 1** ¿Me puede decir dónde queda el colegio Lope de Vega, por favor?

    LOCAL Claro que sí. Vaya por el Paseo de las Flores hasta la Plaza de Quevedo. Allí doble a la izquierda en la calle Carlos Quinto y camine una cuadra. Suba por la calle Lope de Vega una cuadra más. El colegio está a la izquierda en la esquina.

  2. **TURISTA 2** Discúlpeme, ¿vamos bien para el cine Goya?

    LOCAL No, van mal. Creo que queda cerca del Hotel Carlos Quinto. Suba por el Paseo de las Flores. Doble a la izquierda en la calle Dos de Mayo. Camine una cuadra. Allí está el cine.

  3. **TURISTA 3** Disculpe, ¿me puede decir dónde queda el correo, por favor?

    LOCAL El correo queda a la izquierda de la Plaza de Quevedo. Vaya por el Paseo de las Flores y doble a la izquierda. El correo está delante del Rincón de Castilla.

  4. **TURISTA 4** ¿Sabe dónde queda el supermercado Buenprecio?

    LOCAL Caminen por la calle Paseo de las Flores. Bajen una cuadra por la calle Velázquez. El supermercado está al lado del Café Plaza.

  5. **TURISTA 5** ¿Sabe cómo se va al parque?

    LOCAL Me parece que el parque queda detrás de la Plaza de Toros. Siga usted por el Paseo de las Flores y doble a la derecha en la primera cuadra. Allí debe estar el parque.

B. **DEPENDIENTE** Buenas tardes, ¿cómo le puedo servir?

  MANUEL ¿Tiene los pantalones del escaparate, por favor? Los rojos.

  DEPENDIENTE Sí. ¿Qué talla necesita usted?

  MANUEL Uso la talla cuarenta y seis.

  DEPENDIENTE Sí los tenemos. Aquí están. Pase a los probadores, por favor.

  MANUEL ¿Cómo me veo?

  DEPENDIENTE Muy bien. Estos pantalones están muy de moda. ¿Cómo le quedan?

  MANUEL De maravilla. Y, ¿cuánto cuestan?

  DEPENDIENTE Cuestan 345 pesos.

  MANUEL ¿No están en barata? ¿Me puede usted rebajar el precio?

  DEPENDIENTE No, joven. No están en barata, y no le puedo rebajar el precio. Aquí sólo tenemos precios fijos.

  MANUEL ¡Qué lástima! Bueno, los compro.

I. Listening Maximum Score: 30 points

A. (15 points: 3 points per item)
1. a
2. b
3. a
4. a
5. b

B. (15 points: 3 points per item)
6. b
7. b
8. a
9. b
10. a

Listening Scripts for Quizzes 10-1B, 10-2B, 10-3B

Quiz 10-1B Primer paso

I. Listening

1. Se cuenta que el gato Bigotes era muy inteligente porque sabía abrir la puerta para salir de la casa. Un buen día, cuando Bigotes abrió la puerta para salir, había una tormenta terrible. Un rayo lo asustó mucho y Bigotes se fue corriendo...

2. Hace mucho tiempo, yo iba al Colegio Mayor. Me acuerdo de un día en particular. Por la mañana estaba despejado pero muy húmedo. Pero esa tarde empezó a caer un aguacero increíble. Tuvimos que quedarnos en el edificio del colegio hasta muy tarde y nuestros padres estaban bien preocupados...

3. Érase una vez un chico del campo que se enamoró de una chica y quería casarse con ella. Pero el padre de la chica le dijo que tenía que hacer una aventura. El chico se despidió de sus padres y se fue. Esa noche se durmió en el bosque, y cuando se despertó, había mucha niebla...

4. ¿Por qué se tuvo que enamorar Adrián de Brenda? Él sabía que ella lo consideraba torpe. Cada vez que comían juntos en la cafetería, él rompía un vaso o un plato. Si corría de una clase para otra, se caía. Cuando buscaban el estadio de béisbol en Chicago, Adrián tenía el mapa y... ¡se perdieron!

Quiz 10-2B Segundo paso

I. Listening

1. ANDREA — Fue cuando la estrella se cayó del cielo. El hada madrina mandó al enano Picolito a encontrarla, pero una ladrona llegó antes y se fue con la estrella al fondo del Lago de Agua Azul.

2. OCTAVIO — Entonces Selena les contó que vio un OVNI y en seguida comenzaron los problemas. La reportera le preguntó si creía que era una nave espacial de otro planeta. "De otro planeta no," contestó Selena, "¡de otra galaxia!"

3. FELIPE — Así que el príncipe Felipe se enamoró de la princesa y después se casaron. Se fueron a vivir al castillo y en fin, todo salió bien.

4. CELIA — Se cuenta que hace mucho tiempo, en un lugar muy lejos de aquí, vivía una princesa en un castillo grande y triste.

Quiz 10-3B Tercer paso

I. Listening

1. ALEJO — Oye, Lalo. ¿Te enteraste que Chencho está furioso con Yamilé? Dicen que va a romper con ella.
   LALO — Eso lo dudo. ¿Quién te lo contó, algún metiche?

2. ALEJO — Hola, Doris. Oye, ¿has oído hablar del desfile que van a hacer los maestros? Dicen que va a desfilar con ellos el presidente del Club de Genealogía.
   DORIS — Y eso, ¿qué? Ese tipo me parece tan aburrido como un pato.

3. ALEJO — Fíjate, oí que nuestro profesor de español va a ser el nuevo director del colegio.
   CAROLINA — ¡No me digas! La señora Reyes va a estar furiosa porque ella quería ese puesto.

4. ALEJO — ¿Te enteraste que Tony tuvo un accidente en el carro de su mamá?
   LUISA — ¿Cómo? ¿Qué dices? ¡Cuéntame lo que pasó!

Holt Spanish 2 ¡Ven conmigo!, Chapter 10

Answers to Listening Activities in Quizzes 10-1B, 10-2B, 10-3B

ANSWERS Quiz 10-1B

I. Listening

A. (8 points: 2 points each item)
1. a
2. b
3. a
4. b

ANSWERS Quiz 10-2B

I. Listening

A. (8 points: 2 points each item)
1. b
2. b
3. c
4. a

ANSWERS Quiz 10-3B

I. Listening

A. (8 points: 2 points each item)
1. a
2. b
3. c
4. c

Listening Scripts for Chapter 10 Test

I. Listening

A. 1. Hace mucho tiempo, vivía un perrito en Cuenca que se llamaba Nando. Siempre había mucha niebla por las montañas y hacía un frío húmedo, pero Nando tenía el pelo largo y abundante y no sentía nada.

2. Érase una vez una serpiente de cristal que vivía en el cielo. Un día se rompió y formó millones de estrellas. Una de esas estrellas se llamaba el Sol, y en el tercer planeta de ese Sol, vivían todos los animales, con la sola excepción del hombre.

3. —¿Cómo? ¿De qué hablan? Cuéntenme.
   —¿No sabías que encontraron a Nando? Estaba durmiendo en la sala cuando Carlos regresó del campo.
   —Así que al final todo salió bien.
   —Sí, en efecto.

4. Fue cuando los problemas empezaron para el ladrón. El policía corrió detrás de él a toda velocidad. El ladrón corría rapidísimo cuando salió de la esquina una chica que hacía monopatín y ¡crac!... el ladrón se cayó.

5. —¡Ricardo, por fin! Fíjate que te buscábamos por todos lados. ¿Te enteraste que no podemos encontrar a Nando?
   —Bueno, no me extraña. Ya sabes que le gusta correr y jugar.
   —¡Pero Ricardo, Jaime dice que vio un OVNI en el campo por donde iba Nando! ¡Y que unos enanos verdes salieron del OVNI y...

B. La princesa Leonora estaba aburrida. Estaba tan nublado y tormentoso que no podía ver ni los árboles en el jardín. Leonora quería salir y pelear con el dragón, pero con el tiempo que hacía el dragón estaba resfriado y no podía pelear. Leonora invitó al enano Chato a jugar al ajedrez, pero parecía que todos los enanos estaban muy ocupados y no querían jugar.

De repente, Leonora escuchó un trueno tremendo y cayó un rayo. A la luz brillante del rayo, ella vio un enano que corría por el jardín. Pero, ¡qué raro el enano! Era todo verde, verde, y dos cosas largas y curiosas le salían de la cabeza. La princesa salió corriendo y lo siguió.

Al llegar al bosque, ella se quedó con la boca abierta. ¡El enano entraba en una nave espacial! Y en la puerta había un hombre muy guapo que gritaba: "¡SOCORRO! Soy el Príncipe Juan Luis y éstos enanos verdes vienen de un planeta en otra galaxia. Soy prisionero y no puedo escapar. Ayúdenme!"

De repente, cayó otro rayo y Leonora se despertó. Junto a la estufa de leña dormía su perro Chato. "¡Leni!", gritaba su mamá. "Despiértate. ¿Ya ves lo que pasa cuando lees tantos libros? Es hora de salir y no puedo encontrar a Juan Luis".

Y... ¿el príncipe? ¿Y los enanos? ¡Todo fue un sueño de Leni!

Answers to Listening Activities in Chapter 10 Test

I. Listening Maximum Score: 30 points

A. (15 points: 3 points per item)
1. b
2. a
3. a
4. b
5. a

B. (15 points: 3 points per item)
6. b
7. a
8. b
9. a
10. b

Quiz 11-1B Primer paso

I. Listening

1. Hay demasiados problemas ambientales en las ciudades grandes. Lo malo es que las soluciones no son fáciles. Todos están preocupados por el medio ambiente pero nadie hace nada.
2. Cada vez hay más gente y menos espacio. Cada día hay más carros y autobuses. Por eso hay demasiado ruido y más desperdicio del petróleo.
3. Ya no hay suficientes lugares para depositar los desperdicios industriales. El smog y la contaminación del mar cada día están peores.
4. Todos nos quejamos de que el sistema no funciona. Pero, ¿qué podemos hacer para mejorar la situación? Después de todo, ninguno de nosotros es totalmente inocente. Si no somos parte de la solución, somos parte del problema.

Quiz 11-2B Segundo paso

I. Listening

1.	ÁLVARO	¿Leíste en el periódico que otra especie de pez está en peligro de extinción? ¡Qué horrible!
	SILVIA	También leí eso y hasta cierto punto estoy de acuerdo, pero no me parece que sea tan grande el problema. Creo que el periódico escribe esas cosas para asustar a la gente.
2.	ÁLVARO	Si no dejamos de pescar tanto en el océano podemos enfrentar una crisis.
	FERNANDO	Sin duda alguna. Por consiguiente todos debemos pedir un mejor control de la pesca por parte de todos los países del mundo.
3.	ÁLVARO	Sólo podemos llegar a una solución a la basura si dejamos de usar tantos productos tecnológicos.
	GREGORIO	¡Al contrario! La tecnología nos puede dar la solución a muchos de nuestros problemas del medio ambiente.
4.	ÁLVARO	Las águilas no pueden vivir sin las pequeñas aves, y las pequeñas aves no pueden vivir sin los insectos, y los insectos no pueden vivir con tantos químicos en el agua y en la tierra.
	REBECA	Así es la cosa. Y los murciélagos también necesitan los insectos para sobrevivir.
5.	ÁLVARO	El sistema no funciona, así que necesitamos otro sistema.
	SAMUEL	Me parece que no tienes razón. Mira, si trabajamos con el sistema, podemos hacer algo para mejorar la situación.

Quiz 11-3B Tercer paso

I. Listening

1.	BÁRBARA	¡Ya! Ahí está, toda la tarea. ¡Por fin! (*Yawns*) Hummm, estoy cansada. Y ¡con razón! Ya son las diez y media.
	DOÑA	Apaga la luz, Bárbara. Todos deberíamos conservar la energía.
	BÁRBARA	(*Yawns again.*) Tengo mucho sueño y no quiero levantarme. Voy a dejar la luz. Estoy segura que mamá la va a apagar cuando llegue del baile.
2.	BÁRBARA	Tengo sed, Sabrina. Vamos a tomar algo, ¿sí?
	SABRINA	Ándale, vamos a comprar un refresco, ¿sí?
	DOÑA	Hay que evitar los productos empacados, Bárbara, porque resultan en mucha basura.
	BÁRBARA	Oye, ¿por qué no vamos a mi casa y te preparo un jugo de naranja fresco?
3.	PAPÁ	Mira, Bárbara, tu cuarto está muy sucio. Tienes que limpiarlo antes de ir a casa de Catarina.
	BÁRBARA	Ay, papá, siempre lo mismo. Bueno... ¿Qué voy a hacer con todo esto? Hay tantas cosas: latas, papel, aluminio...
	DOÑA	No hay que desesperarse, Bárbara. Puedes llevar las cosas al centro de reciclaje.
	BÁRBARA	¡Ya está, papi! Puse todo junto en una bolsa grande de plástico y lo puse en el bote de basura.
4.	BÁRBARA	Mami, tengo que hacer un cartel para mañana sobre los problemas del medio ambiente. Necesito unos marcadores a colores.
	MAMÁ	Me parece que en la tienda de la esquina tienen.
	BÁRBARA	¿Puedo usar el carro?
	MAMÁ	Pero, ¡hija! Sólo son cuatro cuadras.
	DOÑA	¿Por qué no vas en bicicleta, Bárbara? Es necesario cambiar tu estilo de vida si quieres ayudar a resolver los problemas del medio ambiente.
	BÁRBARA	Bueno, mami, voy a ir en bicicleta. Me parece que tienes razón; no está tan lejos.
5.	BÁRBARA	Este parque está en muy malas condiciones. Los árboles están enfermos y hay mucha basura por todos lados. ¡Deberíamos quejarnos con el gobierno de la ciudad!
	DOÑA	¡A todos nos toca hacer algo, Bárbara! Tú debes hacer tu parte por mantener limpia tu ciudad y sus parques.
	BÁRBARA	Ya no voy a venir a este parque. El parque María Cristina es mucho más bonito y hay unas diversiones muy buenas allí.

ANSWERS Quiz 11-1B

I. Listening

A. (8 points: 2 points per item)
    1. b
    2. a
    3. b
    4. b

ANSWERS Quiz 11-2B

I. Listening

A. (10 points: 2 points per item)
    1. agrees
    2. strongly agrees
    3. disagrees
    4. strongly agrees
    5. disagrees

ANSWERS Quiz 11-3B

I. Listening

A. (10 points: 2 points per item)
    1. b
    2. a
    3. b
    4. a
    5. b

TESTING PROGRAM · SCRIPTS & ANSWERS

I. Listening

A. 1.   **EL CLUB**   Señora Ibáñez, nuestro club piensa que el ruido del tránsito es uno de los problemas más graves en Río Frío. ¿Está Ud. de acuerdo?

         SRA. IBÁÑEZ   Creo que ustedes tienen razón. Por lo tanto es urgente formar un plan para un sistema de transporte público.

   2.   **EL CLUB**   Señor del Llano, si no dejamos de desperdiciar los recursos naturales, vamos a enfrentar una crisis, ¿no cree Ud.?

         SR. DEL LLANO   Lo siento, pero me parece que no es así. Es necesario usar los recursos para construir más casas, porque ése es el problema más grave.

   3.   **EL CLUB**   Cada vez hay menos aves en nuestros parques, señora Vargas. ¿No podemos hacer nada para mejorar la situación?

         SRA. VARGAS   Claro. Es muy importante controlar el uso de químicos y buscar una forma más natural de controlar los insectos.

   4.   **EL CLUB**   Lo malo es que la contaminación del aire es peor hoy en día que hace diez años, ¿no le parece, señorita Altamirano?

         SRTA. ALTAMIRANO   Creo que ustedes se equivocan cuando dicen eso. Me parece que la situación está mucho mejor ahora.

   5.   **EL CLUB**   Estamos preocupados por el futuro de Río Frío. Nos parece que sólo nosotros, los jóvenes, podemos resolver los problemas de la ciudad.

         SR. CARRASCO   Mire, joven, al contrario. A todos nos toca hacer algo y debemos trabajar juntos.

B.   **a.** Hay que proteger las especies de la selva tropical.
      b. Cuidemos nuestros parques nacionales para mantenerlos limpios.
      c. Conservemos energía. Podemos apagar la luz y usar menos calefacción.
      d. No hay que desesperarse. Podemos resolver los problemas si trabajamos juntos.
      e. Podemos evitar los productos empacados y reciclar materiales como latas y vidrio.

I. Listening Maximum Score: 30 points

A. (15 points: 3 points per item)
1. a
2. b
3. a
4. b
5. b

B. (15 points: 3 points per item)
6. e
7. a
8. b
9. c
10. d

Quiz 12-1B Primer paso

I. Listening

SILVIA	¿Qué tal les fue de viaje la semana pasada?
MARCOS	Muy bien, Silvia. Mis compañeros y yo pasamos una semana entera en la costa.
SILVIA	A ver, cuéntame todo, desde el primer día.
MARCOS	Pues, lo primero fue lo mejor, yo creo. ¿Sabías que salté en paracaídas? Y no lo vas a creer, pero ¡el entrenador saltó también!
SILVIA	¡Nombre! ¿Entonces eso fue el domingo?
MARCOS	No, eso fue el lunes. El día anterior viajamos en carro todo el día. Llegamos al Malecón Viejo por la tarde y encontramos el albergue juvenil.
SILVIA	Bueno, entonces, primero el viaje y luego saltar en paracaídas. ¿Y después?
MARCOS	A ver, fue el lunes cuando saltamos en paracaídas. Al día siguiente todos montamos en tabla de vela.
SILVIA	Me contó Chuy que ustedes comieron en el famoso restaurante La Mariscada.
MARCOS	Sí, eso fue el miércoles.
SILVIA	¿Es cierto que conociste a una chica?
MARCOS	Sí, pero no en la playa. Nos fuimos el viernes y dos días después me hice amigo de Chela. Ella encontró un empleo en el mismo restaurante de comida rápida donde trabajo yo.

Quiz 12-2B Segundo paso

I. Listening

AMIGO	¿Y qué tal la fiesta de Juan Pablo? ¿Había mucha gente?
ENRIQUE	Estuvo muy buena y conocí a muchas personas. Conocí a Claudia, la hermana de Juan Pablo. Ella no habla mucho así que no pude conocerla bien. Había un hombre que se llama Carlos allí también. Me cayó muy mal. Cuando habla, siempre habla de sus problemas. También conocí a María José. Es muy guapa y muy buena gente. El padre de Juan Pablo estaba allí también. Nunca lo conocí antes pero me cayó muy bien; es muy amable. Y fíjate que después de un rato llegó un tipo muy raro. Juan Pablo dijo que era su primo Diego. Yo lo conozco y no me llevo muy bien con él.

Quiz 12-3B Tercer paso

I. Listening

JUANA	Hola, María. Oye, quería saber si todavía pensabas visitar el museo. ¿Cuándo vas a ir?
MARÍA	Bueno, a ver. ¿Visitar el museo? No sé...creo que cuando llegue mi prima la semana que viene.
JUANA	Ah, bueno. Creía que tu prima iba a venir en el verano. Entonces, ¿quieres hacer un viaje conmigo este verano?
MARÍA	No, no puedo hacer un viaje este verano. Tal vez cuando tenga más dinero te puedo acompañar.
JUANA	Ah, bueno. A ver qué pasa. ¿Qué tal esta noche? ¿Tienes planes? Si no, ¿por qué no nos reunimos para estudiar para el examen de alemán?
MARÍA	¿Esta noche? Juan y yo vamos a ir al cine a ver una película.
JUANA	Oye, María, ¿me escuchas?
MARÍA	¿Cómo? Perdón, estoy viendo la televisión y no te escuchaba. Bueno, no voy a estudiar más, ya estudié tres horas anoche. Lo que pasa es que tomé la clase de alemán el año pasado...Ya vengo, mamá. Bueno, disculpa Juana, pero tengo que irme. Hasta luego.

ANSWERS Quiz 12-1B

I. Listening

A. (8 points: 2 points per item)
1. el domingo
2. el lunes
3. el miércoles
4. el martes

ANSWERS Quiz 12-2B

I. Listening

A. (10 points: 2 points per item)
1. ni fu ni fa
2. mala onda
3. buena onda
4. buena onda
5. mala onda

ANSWERS Quiz 12-3B

I. Listening

A. (10 points: 2 points per item)
1. a
2. a
3. c
4. b
5. c

TESTING PROGRAM · SCRIPTS & ANSWERS

Listening Scripts for Chapter 12 Test

I. Listening

A. MARIO Este verano hice muchas cosas interesantes. Mi familia y yo hicimos un recorrido de Sudamérica. Estuvo muy bonita. Primero fuimos a Viña del Mar en Chile. Tienen unas playas magníficas. Mi hermano y yo montamos en tabla de vela allí. Nos divertimos mucho. Mi primo Raúl fue a pescar. Cree que sabe pescar bien pero no pescó nada. Luego fuimos a Perú. Es muy bonito el país. Hay muchas montañas muy grandes. Quedé muy impresionado. Después de algunas semanas en Perú, fuimos a Argentina. El primer día en Argentina fuimos a un partido de fútbol. Lo pasamos muy bien. Dos días después, regresamos a casa.

B. BEATRIZ Querida Susana, ¿cómo te va? Aquí todo sigue igual. Bueno, en realidad va a haber muchos cambios. Tú sabes que en junio voy a terminar las clases. Te cuento que estoy un poco nerviosa porque no sé si estoy lista para la universidad. No quiero ir porque todos mis amigos piensan quedarse aquí. Pero si algún día quiero ser pianista famosa, tengo que ir. Mi mamá dice que cuando llegue, voy a hacerme amiga de muchos otros estudiantes. Tiene razón. Oye, también te cuento que dentro de un mes mi familia y yo vamos a visitarlos a ustedes. ¿No te parece genial? Cuando llegue a tu casa tú y yo vamos a pasar un día en la playa, ¿no? Bueno, oigo a papá. Dice que pronto vamos a comer. Hasta luego, Susana.

Answers to Listening Activities in Chapter 12 Test

I. Listening Maximum Score: 30 points

A. (15 points: 3 points per item)
1. a
2. b
3. b
4. b
5. a

B. (15 points: 3 points per item)
6. b
7. c
8. b
9. b
10. a

Listening Scripts *for* Final Exam

I. Listening

A. 1. Mi familia es bien grande. Mi papá se llama Mario. Lo quiero mucho. Es muy alto y muy talentoso. Es un músico profesional. Toca la guitarra.
    3. Me acuerdo que mi mamá era muy cariñosa. Le encantaba ir a la playa con nosotros. La echo mucho de menos.
    5. Éstos son mis hermanos Marco y Pablo. Cuando eran jóvenes, jugaban al béisbol en la escuela. Les gustaban mucho los deportes. De niños, siempre peleábamos, pero nos queríamos mucho.
    7. Mi tío Santos es muy gracioso. Vive en Cuernavaca. Me gusta mucho ir a visitarlo. Siempre quiere salir a comer con nosotros. Su hijo Martín es mi primo favorito.
    9. En cambio, mi tía Graciela no me cae muy bien. Parece que nunca está contenta. También es muy aburrida. Nunca quiere sino quedarse en casa para ver la televisión.

B. 11. Bueno, eso queda muy lejos de mi casa. Primero, tome la Calle Buena hasta llegar a la Avenida Grande. Doble a la derecha y siga derecho. Cuando usted llegue a la Calle Leñeros, doble a la izquierda. Siga derecho hasta la Avenida Turista. Entonces el edificio queda a la derecha.
    12. Desde mi casa es muy fácil de encontrar. Suba por la Calle Buena hasta la Avenida Cometín. Allí doble a la derecha y camine una cuadra. El edificio está en la esquina.
    13. A ver, está en la misma calle que mi casa. Baje por la Calle Buena hacia el oeste. Cuando llegue a la Avenida Turista, el edificio está a la izquierda.
    14. Comenzando en Café Español, baje por la Avenida Turista hacia el sur. Al llegar a la Calle Buena, doble a la izquierda hasta la Avenida Cometín. Allí doble a la derecha. El edificio está a su izquierda. No se puede perder.
    15. Bueno, si estás en la esquina de la Calle Leñeros y la Avenida Turista, sube por la Calle Leñeros hacia el este, hasta llegar a la Avenida Grande. Allí dobla a la derecha. Está en el cruce de la Calle Buena y la Avenida Grande.

C. 16. ...un día las hijas se encontraron con un enano. El enano les dio tres deseos. La hermana menor, sin pensarlo bien, pidió una manzana. Entonces la hermana mayor quedó tan enfadada por el deseo tan tonto que pidió que la manzana se pegara a la nariz de su hermana. En fin, a causa de ser tan malas tuvieron que gastar su último deseo en quitarle la manzana a la nariz de la hermana...

17. —¿...las manzanas?
—Son veinte pesos el kilo.
—¿En cuánto las deja?
—Bueno, se las regalo por diecio...

18. ...un día muy bonito. Va a estar muy soleado después de estar un poco nublado por la mañana. Pero mañana si piensan ir a la playa, deben llevar paraguas porque va a llover todo el día. También va a llegar una masa de aire frío así que va a estar un poco más frí...

19. —...evitar esos problemas, tenemos que conservar energía. También tenemos que aprender a manejar menos y caminar más.
—Así es la cosa, pero el problema es que nuestras ciudades están construidas para el carro y no para el pea...

20. —¿...podría decirme dónde está el Hotel Gran Escena?
—Sí, está en el cruce de la Avenida Grande y la Calle Puentes. Suba por esta calle afuera hacia la izquierda y cuando llegue a la Calle Grande, doble a la derecha. El hotel está allí. No se puede per...

D. Querido Marcos,

Muchas gracias por tu carta. ¡Déjame contarte algo acerca de mí! Tengo 17 años y soy de Valparaíso, Chile, donde nací. Cuando era niño, me gustaba mucho ir a la playa a nadar.

Estos días prefiero salir con mis amigos a dar un paseo en el parque o tomar algo en un café.

Asisto a la escuela Santa Iglesias y pienso graduarme dentro de unos meses. Estoy muy ansioso. ¿Cuándo vas a graduarte tú? Oye, me gustaría mucho poder reunirme contigo algún día. El año pasado estuve en tu ciudad por una semana. Me gustó mucho. Fui a visitar a mi tío Juan José. Él vivía en Buenos Aires en aquel entonces.

Tu ciudad es muy bonita. Mientras estaba, visité muchos museos. También escuché un concierto de la orquesta. Creo que mi familia y yo vamos a viajar allí este verano. Cuando lleguemos a Buenos Aires, vamos a reunirnos. ¿De acuerdo? Bueno, sin más, te doy un saludo. ¡Escríbeme cuando puedas!
Tu amigo,
Fede

Answers to Listening Activities in Final Exam

I. Listening Maximum Score: 30 points

A. (10 points: 1 point per item)
1. a
2. c
3. b
4. c
5. b
6. c
7. a
8. c
9. a
10. d

B. (5 points: 1 point per item)
11. a
12. b
13. c
14. e
15. d

C. (5 points: 1 point per item)
16. d
17. a
18. e
19. b
20. c

D. (10 points: 1 point per item)
21. c
22. a
23. a
24. d
25. b
26. b
27. b
28. d
29. d
30. a

Holt Spanish 2 ¡Ven conmigo!